FOLIO BIOGRAPHIES
collection dirigée par
GÉRARD DE CORTANZE

Virginia Woolf

par

Alexandra Lemasson

Gallimard

Alexandra Lemasson est journaliste au *Magazine littéraire*. Après des débuts à *L'Express* et sur LCI dans *Place au livre*, elle fait désormais partager ses coups de cœur dans l'émission *Vol de nuit* sur TF1. Elle est également comédienne.

pour Daddy

Prologue

En mars 1941, l'une des plus grandes romancières anglaises de son temps décide de mettre fin à ses jours. Elle a cinquante-neuf ans. Elle n'a pas fait d'études, n'a pas eu d'enfants, a passé la majeure partie de sa vie avec le même homme. Elle laisse derrière elle une œuvre aussi riche que fascinante qui ne compte pas moins de onze romans, quatre essais, une pièce de théâtre et des centaines d'articles critiques. Qui est Virginia Woolf ? Une figure majeure de la littérature anglaise que l'on croit connaître. C'est l'avantage de la célébrité. L'inconvénient aussi. On se souvient de Mrs Woolf mais pas nécessairement pour les bonnes raisons. Il suffirait d'aller faire un tour dans son œuvre pour avoir une appréciation plus juste de son auteur : du côté de *La Promenade au phare* en passant par *Mrs Dalloway* avant de se jeter à corps perdu dans *Les Vagues*. À moins que l'on ne préfère rester du côté de *La Chambre de Jacob* ou d'*Orlando* après un détour par *Une chambre à soi* et une halte méritée *Entre les actes*. Un périple qui peut nécessiter des *Années* quand une légende tient en une phrase.

Virginia Woolf a la réputation d'être un auteur difficile. Sa vie elle-même est nimbée d'un halo de mystère. Ses dépressions. Sa folie. Son suicide. Tout semble converger pour faire de cette femme une héroïne tragique. En 1966, le dramaturge Edward Albee écrit une pièce sans relation avec la romancière mais dont le titre suggère à merveille les sentiments qu'elle a le don de susciter. Presque malgré elle. *Qui a peur de Virginia Woolf?* Beaucoup de monde. Qui l'a lue? Beaucoup moins. Il faudrait donc commencer par ses livres sans jamais avoir entendu parler de sa vie. Ignorer sa légende pour découvrir sa vérité. Commencer par la fin dans l'espoir de redécouvrir le début et que surgisse au détour d'une phrase le rire de cette femme pour qui seule la vie imaginaire valait la peine d'être vécue.

Le dernier chapitre de la vie de Virginia s'écrit le 28 mars, mais sa décision d'en finir date déjà de plusieurs jours. Ce matin-là quand elle s'éveille elle sait qu'il ne lui est plus possible de faire marche arrière. Elle ne le souhaite pas. Elle veut juste trouver la paix. Elle ne voit pas d'autre issue. Comme chaque matin, elle se hâte vers la petite maison au fond du jardin où elle a coutume d'écrire. Tout est là comme à l'ordinaire. Sa planche à écrire. Ses cigarettes. Ses notes éparses. Pourtant le travail qui est le sien à ce moment-là ne ressemble en rien à celui des autres jours. Il s'agit d'écrire une lettre à son mari Leonard qu'elle sait être la dernière. Une fois encore elle cherche le mot juste, celui qui sera le plus à même de lui faire comprendre la nécessité de son acte. Ses mains ne tremblent plus. Les phrases coulent sous sa plume avec une aisance qu'elle semble recouvrer alors qu'il n'est plus temps. Sa tâche terminée, elle se sent presque soulagée d'avoir pu formuler les sentiments qui sont les siens. Elle sait qu'il comprendra. Elle ne veut pas perdre de temps. Ne pas laisser au doute la possibilité de s'immiscer en elle. Elle doit être forte. Pour la dernière fois. Elle cachette soigneusement la lettre puis repasse par la maison. Elle monte au salon, la dépose bien en évidence sur la cheminée à côté de celle qu'elle a rédigée quelques jours plus tôt à l'intention de sa sœur. Puis elle redescend, calmement, prend son manteau de fourrure, sa canne et sort pour sa promenade quotidienne.

Mon chéri,

Je suis en train de devenir folle, j'en suis certaine. Nous ne pouvons pas revivre cette époque affreuse. Et cette fois je ne guérirai pas. Je commence à entendre des voix et je n'arrive pas à me concentrer. Alors je fais ce qui me semble la meilleure chose à faire. Tu m'as donné le plus grand bonheur possible. Tu as été en tout point le meilleur des hommes. Je ne pense pas que deux personnes aient pu être plus heureuses jusqu'à ce qu'arrive cette terrible maladie. Je ne peux plus lutter, je sais que je gâche ta vie, que sans moi tu pourrais travailler. Et tu pourras, je le sais. Tu vois, je n'arrive même pas à écrire cela convenablement. Je ne peux pas lire. Ce que je veux dire, c'est que je te dois tout le bonheur de ma vie. Tu as été incroyablement patient avec moi et incroyablement bon. Je veux dire cela. Tout le monde le sait. Si quelqu'un avait pu me sauver, ç'aurait été toi. Tout m'a abandonnée à part la certitude de ta bonté. Je ne peux pas continuer à gâcher ta vie. Je ne pense pas que deux personnes aient pu être plus heureuses que nous l'avons été.

V.

11

Comme chaque jour à l'heure du déjeuner, Leonard monte au salon pour écouter les informations. Il s'étonne que Virginia ne soit pas encore rentrée. Il est presque 13 heures. Quand il reconnaît l'écriture de sa femme sur l'enveloppe, il comprend aussitôt. Dès les premiers mots. Il se précipite dans le jardin aveuglé de douleur. Il sait déjà qu'il est trop tard. Virginia vient de se jeter dans les eaux glacées de l'Ouse en ayant pris soin de glisser dans les poches de son manteau de lourdes pierres. La rivière est en crue. Leonard ne retrouvera que sa canne abandonnée sur la berge.

Le paradis perdu

La vie de Virginia commence par un éblouissement. Non pas la vie réelle mais la vie imaginaire à laquelle la romancière consacrera toute son existence. Dès l'enfance, il y a d'un côté la vie, de l'autre les rêves. Plus tard il y aura la réalité et les livres. Au départ un petit village au cœur des Cornouailles, province anglaise où Virginia passe ses vacances d'été en famille. St. Ives : le nom est à lui seul une invitation au rêve. La promesse d'un départ. La récompense de toute une année. Il faut avoir supporté les longs hivers pluvieux à Londres, s'être beaucoup ennuyé dans Kensington Square, avant de s'embarquer au mois de juillet pour une longue traversée jusqu'à ce petit village niché dans l'ongle du gros orteil de l'Angleterre. Comme toute famille victorienne qui se respecte, les parents de la petite Virginia Stephen ont deux maisons. Celle de Londres au 22 Hyde Park Gate dans le quartier huppé de Kensington et celle de St. Ives où la famille a l'habitude de prendre ses quartiers d'été. À la naissance de Virginia, le 25 janvier 1882, Mr Stephen père a fait depuis longtemps l'acquisition d'une grande bâtisse carrée qui ressemble à un dessin d'enfant et que toute la famille s'accorde à trouver romanesque. Pour la petite Ginia qui va y passer tous ses étés jusqu'à l'âge de douze ans, Talland House est la maison du bonheur et St. Ives « le plus beau commencement d'une vie qui se puisse concevoir ». Là tout n'est que lumière, chaleur, sensualité, couleurs. Tout ce dont la vie quotidienne à Londres manque cruellement. Depuis la chambre des enfants, la vue sur la baie de St. Ives est d'une beauté à couper le souffle. Virginia passe des heures à observer le va-et-vient perpétuel de la flottille de pêche. Ce qu'elle préfère, ce sont les jours de régate. Tous ces drapeaux et ces petites personnes aussi agitées sur terre que sur mer qui donnent l'impression de s'être évadées d'un tableau français. Un pays où elle n'est encore jamais allée et qu'elle ne connaît que par une tante de sa mère qui prétend avoir du sang français dans les veines. Un fait fort exotique à ses yeux et dont elle ne manquera pas de s'enorgueillir. À St. Ives, Virginia rêve et accumule sans le savoir le terreau de son œuvre future. Chaque été elle se gorge jusqu'à en avoir le tournis de cette sensation de douceur et de plénitude qu'elle n'éprouve qu'ici. De ces cris d'enfants qui lui parviennent au loin. Du ressac des vagues qui se brisent immuablement sur la plage. De cette lumière à nulle autre pareille que plus tard elle essaiera de retrouver, cherchant dans sa palette la nuance adéquate. Pour Virginia Woolf, la couleur de l'enfance sera toujours associée à St. Ives qu'elle peindra plus tard à sa manière. Unique. Impressionniste, cristalline, diaprée. Pour l'heure Virginia est une fillette de sept ans qui rêve allongée dans son petit lit. Il est encore tôt, rien ne bouge dans Talland House. Les premiers rayons filtrent à travers le store incurvé par la brise légère, elle se laisse bercer par le doux bruit des vagues. « J'entends les vagues qui se brisent, une deux, une deux, et qui lancent une gerbe d'eau sur la plage, et puis se brisent, une deux, une deux. » Un flux tour à tour apaisant et obsédant qu'elle se plaît à écouter à demi endormie, à demi éveillée, et qui imprimera sa pulsation intime aux romans à venir. Chez Virginia Woolf comme chez Marcel Proust, à qui elle vouera une admiration totale, tout commence par ces petits matins où la conscience s'éveille au monde. Un à un les objets reprennent leur place, les sensations s'extraient de leur gangue, les souvenirs de la veille remontent à la surface de la conscience : pour la petite fille c'est un moment de pure extase. Dans *Une esquisse du passé*, récit autobiographique que sa sœur l'engagera à écrire au soir de sa vie, Virginia Woolf fera de ces réveils à St. Ives la pierre angulaire de cette œuvre considérable qui la range parmi les auteurs majeurs de son siècle : « Si la vie repose sur une base, si c'est une coupe que l'on remplit (…) alors ma coupe à n'en pas douter repose sur ce souvenir. » Faire perdurer l'enfance, retrouver ses fragrances mêlées, restituer ses couleurs éclatantes, ses sonorités étouffées par le bruit lancinant des vagues, telle sera la quête de Virginia Woolf.

> Si j'étais peintre, écrit-elle, je rendrais ces premières impressions en jaune pâle, argent et vert (...) Je représenterais des pétales recourbés ; des coquillages ; des choses semi-translucides ; je tracerais des formes arrondies à travers lesquelles on verrait la lumière, mais qui demeureraient imprécises.

Elle le fera avec cette sensibilité exacerbée qui est la sienne. Avec cette sensualité dont on la croit dépourvue alors que sa prose gorgée de soleil affirme le contraire. Avec des mots d'une musicalité dont elle seule a le secret. Pour remonter la piste de l'enfance, il faut suivre les livres qui sont autant de petits cailloux blancs qui mènent jusqu'à la colline escarpée de St. Ives. Que ce soit dans *La Promenade au phare*, dans *Les Vagues* ou encore dans *La Chambre de Jacob*, elle est au cœur de l'œuvre de Virginia Woolf semblable à un pays lointain où seul l'imaginaire permet d'accoster à nouveau. De préférence par la baie que Virginia immortalisera dans *La Promenade au phare*, transfiguration idéalisée de ces étés en Cornouailles. Le cadre féerique fait partie de ceux qu'elle n'oubliera jamais : une « vaste échancrure aux bords tout festonnés, soulignés de sable », avec la tour blanc et noir du phare aperçu au loin. Le père de Virginia, un homme sombre et austère qui n'a que peu de relations avec ses enfants, a instauré une coutume estivale : tous les dix jours il les emmène en mer et confie le gouvernail au petit Thoby. Cette scène de la vie familiale inspirera à Virginia Woolf son cinquième roman dont l'argument tient en quelques mots. *La Promenade au phare* est l'histoire d'un petit garçon appelé James qui ressemble beaucoup au frère aîné de Virginia et se voit privé de promenade pour cause de mauvais temps. À partir de ce prétexte infime, Virginia écrira l'un de ses plus beaux romans. Toute l'enfance est au creux de ces pages. La mère de Virginia, Julia Stephen, une femme aimante et dévouée, son père Leslie, sa sœur aînée Vanessa et ses deux frères Thoby et Adrian. Thoby c'est l'idole de Virginia. Son alter ego. Celui qu'elle jalouse en secret. Elle envie les avantages que lui procure le fait d'être un garçon. Non seulement on lui confie la tâche de ramener le bateau au port, mais à Londres il a surtout une chance inestimable : celle d'aller à l'école. Virginia, elle, apprend avec les seuls moyens dont elle dispose alors : son sens de l'observation. Thoby est un personnage central dans la vie de Virginia mais aussi dans son œuvre. Il prête sa sensibilité au petit James privé de promenade au phare, et inspire à sa sœur cadette le personnage principal de *La Chambre de Jacob*. Virginia écrira ce troisième roman en 1920, à Monk's House, petite maison en bois de deux étages entourée d'arbres, de buissons et de fleurs. C'est dans cette propriété située dans le village de Rodmell non loin de Lewes que les Woolf se réfugieront pendant la Seconde Guerre mondiale. Dans ce décor champêtre Virginia composera avec une aisance et une joie qui ne dureront pas l'ouverture maritime de ce roman en forme d'élégie. Par la magie de l'écriture, à trente ans d'intervalle, de nouveau tout est là. Inchangé. Les cris des enfants amortis par le ressac, le gros crabe froid qu'ils s'amusent à déloger, l'eau chargée de sable et le petit seau si lourd à bout de bras. Le paradis perdu à portée de la main. Telle est la force de l'écriture : abolir le temps, supprimer les distances, réunir les contraires. Sur la page blanche Virginia Woolf s'autorisera toutes les libertés et cherchera sa vie durant à retrouver la luminosité si particulière de ce site paré de tous les attraits : l'enfance.

Bien que conforme au modèle victorien, la famille Stephen a quelque chose d'éminemment moderne : c'est une famille recomposée. En 1878, lorsque Julia Prinsep Jackson, la mère de Virginia, épouse Leslie Stephen, elle a déjà trois enfants d'un premier mariage avec Herbert Duckworth : George né en 1868, Stella née en 1869, et Gerald en 1870, quelques mois après la mort brutale et prématurée de son père. Leslie de son côté a également Laura, née d'un premier mariage, qui passe la majeure partie de son temps dans une institution psychiatrique. Ensemble le couple aura quatre enfants. Vanessa l'aînée née en 1879, Thoby en 1880, Virginia en 1882 et Adrian en 1883. Pour loger cette famille nombreuse dans Londres le couple a élu domicile au 22 Hyde Park Gate, grande maison au cœur du quartier bourgeois de Kensington, pourvue de nombreuses petites chambres. Chaque année en juin la joyeuse petite bande prend le train sous le regard sévère de Leslie et celui protecteur de Julia pour deux grands mois de vacances loin de l'agitation londonienne. C'est toujours avec une joie non dissimulée que Virginia quitte la capitale pour ce village escarpé aux rues étroites et venteuses où on lui laisse une plus grande liberté. Chaque année, après un voyage harassant, il suffit de pousser le grand portail en bois de Talland House pour que le rêve de toute une année devienne réalité. Descendre en ville acheter des clous et taquiner les innombrables chats, jouer au cricket avec sa sœur préférée, courir après les papillons en compagnie de Thoby ou encore filer à la plage. Loin de Londres tout est possible. Escalader les rochers, observer les anémones qui déploient leurs tentacules, capturer de minuscules poissons, autant de jeux tellement plus amusants que tourner en rond deux fois par jour dans le square de Kensington ! Si Virginia enfant n'est jamais aussi heureuse que lorsqu'elle quitte Londres avec sa famille pour rejoindre leur résidence secondaire, devenue adulte rien ne lui semblera plus excitant que de quitter sa campagne pour aller se distraire en ville. De tout temps la géographie personnelle de Virginia Woolf s'inscrira dans une dualité qui est celle de l'enfance et qu'elle cherchera à reproduire. Du côté de Londres et du côté de St. Ives. Plus tard, Londres, lieu des mondanités auxquelles la romancière trouvera le plus vif intérêt, s'opposera à Rodmell, dont la quiétude sera propice à l'écriture. Parfois aussi à l'ennui. Virginia y écrira loin du tourbillon de la vie londonienne de nombreuses pages de son Journal mais aussi *Les Vagues* et *Les Années*. Entre deux séances d'écriture elle aimera arpenter cette campagne où elle trouvera toujours calme et inspiration. Toute sa vie Virginia cherchera à recréer cette dualité qui est celle de l'enfance. Que ce soit dans les lieux qu'elle choisira d'habiter, ou dans les livres qu'elle décidera d'écrire. À Londres, elle passera du quartier de Kensington à celui de Bloomsbury pour finalement s'installer avec son mari au 52 Tavistock Square dans une grande bâtisse du XIXe siècle qui sera bombardée pendant la guerre. À la campagne, il y aura l'épisode Richmond, banlieue tranquille où Virginia se languira vite de la capitale, mais aussi Hasheham, une étrange maison mélancolique, et enfin Monk's House dans le Sussex, lieu de retraite au moment de la Seconde Guerre mondiale.

Même dualité dans les livres. *Orlando, Mrs Dalloway* ou *Une chambre à soi* sont résolument du côté de Londres que la romancière décrit dans son Journal comme un lieu « magique dans lequel on est immédiatement transporté au sein de la beauté sans avoir eu à lever le petit doigt ». *La Promenade au phare* ou *Les Vagues* s'inspirent en revanche résolument de St. Ives, paradis de l'enfance où souffle un vent de bonheur et de liberté.

Dans le paysage imaginaire de Virginia Woolf ces deux pôles entre lesquels sa vie s'inscrit ne sont jamais antinomiques. Ils s'attirent. Telles deux facettes constitutives de son être auquel l'élément aquatique contribue à donner une unité. Du côté de Londres comme du côté de St. Ives l'eau est partout. Omniprésente. Envahissante. Fascinante. Elle est ce par quoi tout commence et tout finit. L'éblouissement primal et la fascination ultime.

St. Ives et la rivière de l'Ouse. L'enfance et la mort. Entre les deux, des romans envahis par les flots, scandés par le ressac, semblables à « des îlots de lumière » que Virginia aura à cœur de capturer dans ce mouvement même qui est celui de la vie. Dans *Les Vagues*, qu'elle publiera en 1931, le bruit de la mer sera plus présent que dans aucun de ses autres livres, allant jusqu'à pulvériser l'intrigue au profit du rythme. Six personnages s'entrecroisent et soliloquent. Rhoda, menue silhouette gracile et translucide perméable à tous les chocs de l'existence, ressemble à la petite Ginia comme une sœur. Dans son Journal, la romancière écrira à propos de ce livre dont la conception fut si longue et si douloureuse : « Ce sera l'enfance mais ce ne doit pas être mon enfance. » Une assertion qui en dit long sur son travail de composition. Virginia Woolf plus que quiconque puise dans sa vie le matériau de son œuvre, mais son travail consistera ensuite à effacer tout indice autobiographique. Pour ce faire, elle inventera une langue et une structure narrative résolument novatrices. Si ses premiers romans inspirés par l'enfance comme *La Traversée des apparences* ou *La Promenade au phare* permettent de la suivre à la trace, ceux de la maturité témoignent d'un passage du particulier au général et d'une expérimentation formelle qui contribuent à brouiller les pistes. Au sujet des *Vagues* elle notera clairement dans son Journal qu'il s'agit d'une autobiographie avant de préciser dans la foulée qu'elle ne donnera aucune indication ni de temps ni de lieu. À ce moment-là, alors que le roman en projet s'intitule encore *Les Éphémères*, elle envisage même de ne pas donner de nom au personnage principal : « Ce sera simplement Elle. »

L'enfance de Virginia Woolf est inscrite dans ses livres mais la difficulté est de la débusquer. La romancière déguise, déplace et détourne les faits afin de ne pas tomber dans la confession autobiographique pure et simple. Son Journal est tout empli d'elle-même, de ses doutes, de ses attentes, de ses espoirs, ses romans en revanche ne la dévoilent jamais autrement que masquée. Le sentimentalisme est sa bête noire. L'impudeur, une faute qu'elle jugera toujours impardonnable. Afin d'éviter tout penchant à l'exhibition autobiographique, elle ne cessera de se rappeler à l'ordre pour chacun de ses romans. Il faut absolument « placer un mur entre le livre et l'auteur », écrira-t-elle au sujet de *La Chambre de Jacob*. Une exhortation à laquelle elle n'aura de cesse de se plier un peu plus à chaque livre. Dans *Les Vagues* elle n'hésitera pas à faire voler en éclats jusqu'à la notion même d'individualité. Pourtant, malgré les différents stratagèmes mis en œuvre, Virginia est là. Si elle tient de Rhoda ballottée sans cesse par la violence de ses émotions, elle n'est pas sans liens de parenté avec Louis perdu dans ses rêveries et partage l'intelligence vive du brillant Neville. Chef-d'œuvre absolu, *Les Vagues* fait entendre le chant polyphonique de six enfants condamnés à la solitude et à la mort. Six enfants qui comme la petite Ginia se souviennent : « Tout au début, il y avait la chambre avec ses fenêtres donnant sur un jardin, et par-delà le jardin, la mer. » Nous voici de nouveau transportés à Tal-land House en 1889. Que ce soit dans *Les Vagues*, *La Traversée des apparences* ou *La Chambre de Jacob*, les images de l'enfance ont gardé tout leur pouvoir d'évocation. À près de soixante ans, quand Virginia repense à ce qu'a été sa vie, c'est encore de St. Ives qu'elle se souvient : « Rien de tout ce que nous eûmes pendant l'enfance ne fut tout à fait aussi important que notre été en Cornouailles. Aller à l'autre bout de l'Angleterre ; avoir notre propre maison, avoir cette baie et cette mer. »

Veillant chaque été sur sa tribu, au centre de ce tableau idéalisé par le souvenir, une femme : Julia Stephen. Vive, spontanée, d'une grande beauté, entièrement dévouée à sa famille, elle sera l'une des figures majeures de l'œuvre de sa fille cadette. En 1939, quand Virginia entamera *Une esquisse du passé*, récit autobiographique dans lequel elle passera en revue les différents membres de sa famille, elle dira sa difficulté à avoir une image précise de sa mère. Pour preuve elle ira même jusqu'à se tromper quant à sa date de naissance : elle la croit née en 1848 alors que Julia Prinsep voit le jour en 1846. Elle se souvient parfaitement en revanche de son livre de chevet : *Les Confessions d'un mangeur d'opium* de De Quincey et de son auteur préféré : Walter Scott. Et puis de ce dont tout le monde se souvient également : son extraordinaire beauté. Pour Virginia Woolf, l'histoire de sa mère semble se résumer à une erreur : avoir épousé en secondes noces son père. Tout semblait pourtant prédestiner

Julia Prinsep au bonheur. À vingt et un ans, cette jeune fille de bonne famille qui a passé son enfance aux Indes épouse un certain Herbert Duckworth, gentleman au physique avenant qui la laisse veuve quatre ans plus tard. Pour Virginia, cet homme qu'elle n'a pas connu mais dont elle a beaucoup entendu parler est en tout point opposé à son intellectuel de père. Autant elle idéalise le premier mariage de sa mère, autant elle stigmatise le second qu'elle rend responsable de tous ses malheurs. Julia fait la connaissance de Leslie Stephen après avoir lu un de ses écrits. Séduite par son intelligence elle décide d'aller lui rendre visite. Il habite à deux pas de chez elle. À l'époque il est marié à Minny Thackeray, une femme douce et effacée qui mourra en 1875. Trois ans plus tard, Leslie Stephen épouse Julia Prinsep dont la grâce naturelle n'a pas manqué de le séduire. Julia, elle, éprouve une grande admiration pour cet homme à qui elle donne bientôt quatre enfants. Sa mort prématurée, à l'âge de quarante-neuf ans, fera de cette femme à la beauté altière un personnage fantomatique dont les héroïnes de Virginia Woolf seront la réincarnation. De Mrs Ramsay dans *La Promenade au phare* à Mrs Pargiter dans *Les Années*, Julia Stephen est partout et singulièrement nulle part, comme un souvenir qui se volatilise dès que l'on tente de l'étreindre. Dans *Une esquisse du passé*, Virginia raconte que sa difficulté à évoquer sa mère s'est dissipée dès qu'il s'est agi d'en faire un personnage de roman. « Quand j'en suis venue à écrire, dit-elle, je l'ai rencontrée dès les premiers mots. » De toutes ces femmes représentatives de l'idéal victorien que Virginia Woolf mettra en scène tout au long de son œuvre, Mrs Ramsay dans *La Promenade au phare* est la plus aboutie. La plus troublante aussi dans ce qu'elle offre de ressemblance avec Julia Stephen. Vanessa, lectrice fidèle de sa sœur, ne s'y trompera pas. Le livre la bouleversera. Elle y retrouvera un portrait fidèle de celle qui leur manque à l'une et à l'autre cruellement et que Virginia a su si bien ressusciter. Celle qui s'inscrivait « au cœur même de cette spacieuse cathédrale qu'(était) l'enfance » savait l'art de donner à la vie une gaieté et une joie sans pareilles. C'est pour elle que Virginia enfant commence à rédiger le *Hyde Park Gate News*, journal hebdomadaire dans lequel elle raconte des anecdotes familiales et qu'elle dépose tous les lundis matin sur son plateau. Pour entendre son rire si semblable au sien. Pour elle aussi que « la Chèvre », ainsi que la surnomment ses frères et sœur, se livre à des improvisations révélant un sens de la théâtralité qu'elle mettra à profit bien des années plus tard dans une pièce intitulée *Freshwater*. La petite Ginia multiplie les stratégies pour divertir cette femme au visage de madone, parce qu'elle est la seule à avoir perçu toute la tristesse que tente de faire oublier le tourbillon de son existence. À Londres, il n'est pas une journée sans un vernissage ou un dîner en ville. En vacances à Talland House, les invités de marque se succèdent. Les Stephen, à défaut d'être fortunés, sont des gens aisés, cultivés, très portés sur la correspondance et faisant grand cas de la vie sociale. L'écrivain Henry

James fait partie des fidèles. C'est un ami de Leslie qui vient souvent passer des week-ends à St. Ives. Il y a aussi John Addington Symonds, autre figure littéraire de l'époque, accompagné de sa femme. Mais également les demi-frères de Virginia, Gerald et George Duckworth, arrivés tout droit de Cambridge avec quelques amis. Tout ce petit monde s'exclame, bavarde, s'agite. C'est une journée claire où la vue que l'on a de la baie est parfaitement dégagée. Les uns optent pour une promenade vers le phare. Les autres préfèrent lire dans le jardin. Un sentiment d'insouciance et de gaieté flotte dans l'air chargé d'embruns. Pour Virginia, cette atmosphère qui ressemble au bonheur est l'œuvre de cette femme dont tous s'accordent à célébrer la beauté : sa mère. Comme Clarissa dans *Mrs Dalloway* elle sait l'art de recevoir. Comme la mystérieuse Mrs Ambrose dans *La Traversée des apparences*, celui de comprendre les aspirations d'une toute jeune fille. Épouse dévouée, mère parfaite, elle est l'« Ange du foyer » victorien, toujours précédée par la petite musique de ses bracelets dans cette vaste maison qui sans elle perdrait son âme. Après le décès de Mrs Ramsay dans *La Promenade au phare*, la maison des Hébrides, qui rappelle celle de Talland House, ressemble à un coquillage vide abandonné sur la dune. Sans Mrs Ramsay ou sans Mrs Stephen, le monde perd jusqu'à sa signification. Dans son récit autobiographique Virginia Woolf rappelle que sa mère, comme elle, a la faculté de dissocier son moi profond de son moi social. Ses amis veulent croire au bonheur qu'elle affiche en toutes circonstances. Virginia seule connaît cet autre visage que Julia donne rarement à voir. Cette manière bien à elle de baisser les paupières révélant soudain toute la tristesse dont son âme est remplie. Cette lassitude aussi de devoir assumer seule la charge de sept enfants. Voire un huitième en la personne de son mari, Leslie Stephen. Un homme austère et taciturne. Un intellectuel qui consacre la majeure partie de son temps à la rédaction d'un monument : *Le Dictionnaire biographique national*. À bien des égards Julia Stephen est l'archétype féminin de cette bourgeoisie victorienne que sa fille réprouvera. Sa victime aussi. Virginia Woolf, lorsqu'elle entamera son *Esquisse du passé* à près de soixante ans, n'aura rien perdu de sa colère contre cette société patriarcale tyrannique que son père a toujours incarnée à ses yeux. Quand elle cherchera à décrire sa mère, elle aura ces mots apparemment si durs :

> Quelle réalité peut demeurer (...) chez une personne morte à l'âge de quarante-neuf ans, sans laisser un livre, ni un tableau ni une œuvre d'aucune sorte excepté les enfants qui lui survivent encore, et le souvenir qu'ils gardent d'elle dans leur esprit ?

Pour Virginia Woolf, qui fera tant dans ses écrits pour défendre la condition féminine, il ne fait pas de doute que sa mère en choisissant d'épouser en secondes noces ce « barbu décharné » s'est tout bonnement tuée à la tâche. On peut lire dans son récit autobiographique ce constat lapidaire sous lequel affleure un ressentiment que les ans n'ont pas atténué : « Elle mourut sans peine d'épuisement à quarante-neuf ans ; lui trouva très dur de mourir d'un cancer à soixante-douze ans. » Pendant toute son enfance et son adolescence, Virginia souffre de voir en ses parents un couple déséquilibré comme bon nombre de ceux qu'elle peut alors observer autour d'elle. D'un côté l'« Ange du foyer » qui se tue à la tâche. De l'autre l'intellectuel taciturne qui impose à toute la maisonnée de vivre au rythme requis par le travail de titan auquel il a choisi de consacrer sa vie. Devenue adulte Virginia n'aura qu'une obsession : ne jamais reproduire dans son couple le modèle parental. Ne jamais accepter la tyrannie masculine comme sa mère a été dans l'obligation de le faire. Virginia écrira. Vanessa peindra. Chacune à sa manière, les filles Stephen feront ce dont leur mère soumise au double joug d'un mari et d'une époque a été privée : se réaliser.

Symboliquement, cette période de bonheur marquée par la douceur et la lumière des étés en Cornouailles prend fin en 1906 lors d'un voyage en Grèce. Cette année-là les enfants Stephen décident de quitter Londres dans l'espoir de mettre à distance le chagrin dans lequel ils vivent depuis la mort de leur mère, de leur demi-sœur Stella et de leur père. Les enfants Stephen souffrent encore cruellement des deuils qui ont marqué leur famille, mais cette succession d'épreuves les a rapprochés, aussi est-ce avec enthousiasme et passion que chacun prépare ce périple. À l'époque Thoby est pensionnaire à Cambridge et se prépare à entrer au barreau tandis que ses deux sœurs, conformément à la tradition victorienne, sont cantonnées au 22 Hyde Park Gate et apprennent ce que toute jeune fille bien élevée de la bourgeoisie traditionnelle doit savoir. Virginia est depuis toujours très influencée par ce frère de deux ans son aîné à qui elle voue une véritable admiration. C'est en lui que Leslie avait fondé tous ses espoirs. Thoby est un jeune homme sensible et volontaire. Un esprit supérieur qui a la chance de faire des études tandis que Virginia en est privée. Entre eux c'est avant tout une histoire d'affinités intellectuelles. Une fascination réciproque. C'est lui le premier qui lui parle des Grecs. Avec une émotion et une confusion telles qu'elle perçoit l'ampleur de sa découverte et se précipite dans la bibliothèque paternelle pour s'emparer de tout ce qu'elle peut trouver sur le sujet. Pendant des semaines elle lit avec la frénésie qu'elle met déjà dans tout ce qu'elle entreprend ces auteurs dont son frère se réclame. C'est une véritable révélation. Par la suite il n'y aura pas une seule matinée sans qu'elle lise du grec. C'est encore Thoby qui lui explique que « tout est dans Shakespeare ». Quelques années plus tard, elle écrira un essai sur les femmes et le roman intitulé *Une chambre à soi* dans lequel elle n'hésitera pas à inventer une sœur au dramaturge anglais. Pour elle la préparation de ce voyage en Grèce avec sa sœur et ses frères est avant tout littéraire. Vanessa, elle, pourvoit à l'aspect pragmatique des choses. Chacun espère sans trop y croire retrouver là-bas le paradis perdu de l'enfance. Une forme d'insouciance et de liberté comme celles qu'ils chérissaient du temps de Talland House. Adrian et Thoby ont décidé de partir en éclaireurs. Les deux sœurs de les rejoindre. À Athènes, Virginia a le sentiment de retrouver l'exacte lumière des Cornouailles. Elle repense à sa mère, à sa demi-sœur, à son père, à la douleur d'être orpheline, à la commisération avec laquelle chacun les regarde. Ce périple, bien loin de remplir son contrat initial, va prendre au fil des semaines l'allure d'un véritable cauchemar. Alors que Vanessa nourrit comme à l'accoutumée des craintes pour la santé de sa sœur, c'est elle qui tombe malade. Arrivés à Corinthe les garçons poursuivent leur voyage tandis que Virginia s'improvise dans un rôle à contre-emploi : celui de garde-malade au chevet de Vanessa. De son côté Thoby contracte une fièvre typhoïde qui n'est pas d'emblée diagnostiquée. Épuisé il rentre à Londres et s'éteint le 20 novembre 1906. Des années plus tard Virginia Woolf écrira *La Chambre de Jacob*, roman élégiaque dont la partie grecque est tout imprégnée du souvenir de ce frère tant aimé et de ce dernier voyage avec lui. *La Promenade au phare* tout comme *Les Vagues* raconteront chacun à sa manière le deuil de l'enfance dont le voyage en Grèce venait pour elle de sonner le glas.

À son retour à Londres, les deux seuls êtres qui la rattachaient encore à cette période si lointaine de l'insouciance de l'enfance disparaissent de sa vie. Thoby de manière définitive, Vanessa de manière symbolique en épousant Clive Bell. Les rapports qu'elle entretiendra désormais avec ce frère mort à l'âge de vingt-six ans ressembleront à ceux qu'elle a instaurés avec sa mère. L'un comme l'autre deviendront des personnages de fiction, des fantômes qui ne cesseront plus de hanter et sa vie et son œuvre. Pour Virginia, Thoby et Julia seront des êtres de papier idéalisés par le souvenir et transfigurés par les mots.

Avec Vanessa être de chair et de sang les relations sont beaucoup plus complexes et l'ont toujours été. Elle n'a que trois ans de plus que sa sœur mais aux yeux de Virginia c'est déjà un premier avantage. Par la suite il y en aura d'autres. Nombreux. En tout cas c'est ce que pense Virginia et ce qu'elle continuera de penser toute sa vie. Les filles Stephen tiennent de leur mère ce mélange de distinction et de grâce que toute la gent masculine s'accorde à célébrer. À sa naissance la petite Ginia est d'ailleurs surnommée « la Beauté », en partie à cause de ses yeux verts mais aussi de ses cheveux blond vénitien. Pourtant selon elle la véritable beauté reviendra toujours à sa sœur ainsi qu'elle le raconte dans *Réminiscences*, récit autobiographique qui n'est autre qu'un portrait de Vanessa destiné au fils de celle-ci, Julian Bell. L'aînée est décrite comme une jeune fille douce au regard mélancolique. La cadette, à la manière de Rhoda dans *Les Vagues*, se perçoit comme une enfant sans visage incapable de prendre part au monde. C'est une petite fille agitée, timide, fantasque, volontiers empêtrée dans son corps. Sa sœur, elle, a l'assurance des aînées. Elle doit seconder sa mère et s'occupe souvent de ses frères et sœur. À l'adolescence Vanessa révélera une maturité accrue par le décès prématuré de Julia. Virginia en revanche présente déjà de nombreux troubles nerveux. Telle Rachel dans *La Traversée des apparences*, elle doute d'elle-même de manière quasi maladive. Vanessa est plus pondérée, toujours sûre de son fait, du moins en apparence. Elle ressemble au personnage maternel de Suzanne dans *Les Vagues*, mais a également aux yeux de sa sœur cet extraordinaire pouvoir de séduction que possède Jinny. La jalousie est là, à l'œuvre dès le départ. L'admiration aussi. Virginia se compare sans cesse à Vanessa. Une attitude à laquelle ni le mariage ni le succès ne la feront renoncer.

En 1909 sa sœur est mariée depuis peu à Clive Bell à qui elle a donné un premier enfant, Julian, alors âgé de un an. Professionnellement les choses commencent aussi à se dessiner. Dans *Réminiscences*, Virginia Woolf tente de décrire le plus fidèlement possible sa sœur et se souvient que petite fille déjà elle disait qu'elle serait un peintre célèbre. Son rêve est en train de se réaliser. Virginia en revanche a le sentiment de stagner. Elle a vingt-sept ans et travaille depuis bientôt deux ans à un premier roman qui lui donne bien du tourment. Ce qu'elle ignore encore c'est qu'elle est loin d'être au bout de ses peines. Ce manuscrit qui s'intitule alors *Melymbrosia* ne verra le jour qu'en 1915, soit six ans plus tard. Comme bon nombre de premiers romans il est d'inspiration autobiographique. Mais

Virginia prendra soin au fil des nombreuses versions de gommer toute référence trop facilement identifiable. En octobre 1909, tandis qu'elle continue de travailler à ce premier manuscrit, elle adresse à un magazine une première œuvre de fiction intitulée *Mémoires de romancières*, qui lui est renvoyée par retour de courrier. Ainsi que l'écrira son tout premier biographe qui n'est autre que son neveu Quentin Bell, ce premier essai « aurait pu être capital dans son développement d'écrivain ». Il n'en est rien. Sentimentalement les perspectives ne sont guère plus encourageantes. Même si contrairement aux jeunes filles de son temps le mariage ne la fait pas particulièrement rêver, Virginia Stephen commence à craindre de finir vieille fille. Certes, il y a Lytton Strachey, un ami d'enfance qui lui sert justement de modèle pour le personnage de Saint John Hirst dans *La Traversée des apparences*. Mais comment imaginer passer sa vie entière avec cet homme au physique étrange qui n'a jamais été pour elle qu'un simple confident et ne fait pas mystère de son homosexualité ? Lytton et Virginia ont, à n'en pas douter, de profondes affinités intellectuelles. Mais ce n'est pas suffisant. Dans le courant du mois de février 1909, le jeune homme lui fait sans trop y croire une demande en mariage qu'elle rejette aussitôt. C'est à cette même période que Virginia rédige des esquisses, récemment regroupées sous le titre *La Maison de Carlyle*, dans lesquelles on sent poindre le profond sentiment d'insatisfaction qui est alors le sien.

À cette époque Vanessa a tout ce dont Virginia

est privée. Un mari, un enfant, un début de reconnaissance artistique. Aux yeux du monde, l'aînée est celle à qui tout réussit. La cadette, celle qui ne réussit rien. Le sentiment de frustration de Virginia vis-à-vis de sa sœur atteint une sorte d'apogée. Par la suite il ne devra plus la quitter. Tapi dans l'ombre pendant les périodes fastes, il refera surface dans les moments difficiles. En 1911 ce démon de la comparaison qui la taraude depuis l'enfance et qu'elle continuera d'alimenter par de perpétuels bilans la poussera à écrire dans un moment de désespoir : « Être célibataire à vingt-neuf ans, être une ratée, sans enfants, démente et pas même écrivain ! » Sombre constat adressé à sa sœur qui a alors deux enfants et entame une liaison avec un homme qui aura une importance capitale dans la vie de Virginia : le peintre Roger Fry auquel elle consacrera une biographie. Pour l'heure, la compétition imaginaire que Virginia a instaurée depuis si longtemps est rendue d'autant plus cruelle que les deux sœurs partagent les mêmes passe-temps, les mêmes lieux, les mêmes amis. C'est déjà sans doute en vue de ressembler à sa sœur que dès son jeune âge Virginia a pris l'habitude de travailler debout à son écritoire. Une position vraisemblablement inconfortable mais qui présente déjà l'avantage inestimable de reproduire celle qu'adopte Vanessa lorsqu'elle peint. Si cette dernière a alors la chance de pouvoir s'évader du 22 Hyde Park Gate pour se rendre à la Slade School of Arts, Virginia, elle, reste dans sa chambre avec pour seules visites celles de ses professeurs particuliers. À la mort de leur demi-sœur Stella, Vanessa devra assumer de nombreuses tâches domestiques qui alourdiront son emploi du temps et contribueront à accroître son prestige aux yeux de sa sœur. Ne voulant pas paraître en reste, Virginia s'imposera alors un planning d'activités intellectuelles diverses et variées qui ne lui laisseront aucun répit.

Dès l'enfance les deux sœurs ont une relation fusionnelle à laquelle la vie adulte ne parviendra jamais complètement à mettre un terme. Dans *Réminiscences*, Virginia se souvient d'une scène ressemblant à un pacte qui aurait été scellé sous la table des enfants à Talland House : « Elle me demanda si les chats noirs avaient une queue. Je répondis non (...) Quant à l'avenir il y eut dorénavant entre nous la conscience vague que l'autre offrait d'intéressantes possibilités. Et que les grandes satisfactions viendraient de choses impersonnelles. » Toute la relation de ces deux petites filles qui deviendront des artistes accomplies dans une société qui n'a rien prévu de tel pour elles est dans ce pressentiment initial. À l'adolescence, la fascination de Virginia pour cette sœur qui rêve comme elle d'un destin hors du commun s'intensifie. L'une et l'autre ont des aspirations artistiques déjà bien définies. Vanessa veut peindre, Virginia écrire. C'est le début d'une longue rivalité assortie d'une complicité nécessaire pour faire son chemin dans un monde d'hommes. Par la suite, quand elles auront réalisé leur rêve d'enfant, Vanessa continuera d'être la lectrice de sa sœur qui lui demandera souvent d'illustrer ses livres. Au fil des années,

Virginia continuera d'attendre avec anxiété le verdict de celle pour qui elle a toujours le sentiment d'écrire « plus que pour quiconque ». Dans *La Promenade au phare*, Virginia donne une illustration de la relation si complexe qu'elle entretient avec sa sœur. Lily Briscoe, jeune peintre qui se débat tout au long du livre avec un tableau, lui ressemble comme une sœur. Une expression à prendre au pied de la lettre puisque Lily, à sa manière, fait la synthèse de Vanessa et de Virginia. Est-ce parce que Virginia en 1924 commence avec ce cinquième roman à croire en son destin d'écrivain ? Toujours est-il que le livre semble mettre une fin symbolique à tout ce qui oppose professionnellement les deux sœurs. Il correspond par ailleurs à une période d'affranchissement pour Virginia qui note alors dans son Journal : « J'ai trouvé le moyen de dire quelque chose avec ma propre voix. » Si jusque-là chacune envie à l'autre ce qu'elle imagine être la supériorité de son art, dans *La Promenade au phare* les problématiques relatives à l'écriture et à la peinture finissent par se rejoindre. Quels que soient les moyens employés, quelles que soient les difficultés rencontrées, le mot de la fin revient à Lily, le peintre. « J'ai eu ma vision », dit-elle. Voilà la seule chose qui compte désormais pour Virginia qui va lui consacrer le restant de son existence. Écrire pour tenter de retranscrire avec des mots ce que sa sœur traduit avec des couleurs. Dans un cas comme dans l'autre tout est affaire de nuance. Le registre de prédilection de Virginia.

Si professionnellement, en 1924, la romancière

semble s'être affranchie de sa sœur, il n'en est pas de même sentimentalement. Pour Hermione Lee, sa biographe anglaise, cela ne fait aucun doute : « Virginia était en réalité amoureuse de sa sœur. » Cette relation fusionnelle explique en partie pourquoi la cadette ne parvient pas à se détacher de celle qu'elle a élevée au rang d'idole et en comparaison de qui elle a toujours le sentiment de faire piètre figure. Au soir de sa vie Virginia Woolf écrira dans son Journal cette phrase bilan qui vient corroborer la scène primitive des deux fillettes sous la table : « Nous avons façonné notre vie elle et moi propulsées par une force étrange. » La destinée de Virginia Woolf est intimement liée à celle de sa sœur. Bien que l'une et l'autre aient trouvé ensemble la force de réaliser leur rêve d'enfant, elles n'en gardent pas moins une relation marquée du sceau de la rivalité. Virginia a besoin de Vanessa tout comme Vanessa a besoin de Virginia. À la mort de Julia Stephen, Virginia, déjà très dépendante de sa sœur, recherche auprès d'elle ainsi qu'auprès de nombreuses femmes de son entourage l'affection et la chaleur maternelles qu'elle a perdues. Aussi l'annonce du mariage de Vanessa avec Clive Bell au retour de ce voyage en Grèce où elle s'est tant occupée d'elle lui paraît être une véritable trahison. Comme si Virginia n'avait jamais vraiment envisagé que sa sœur puisse faire sa vie ailleurs qu'avec elle. Elle souffre d'autant plus de cette blessure que l'attitude de Clive Bell n'a jamais été claire. S'il décide d'épouser l'aînée, il a souvent flirté avec la cadette qui interprète ce mariage

comme une preuve supplémentaire de la supériorité de sa sœur. Au jeu de l'amour c'est encore
Vanessa la gagnante. Clive quant à lui ne se pri-
vera pas de continuer à entretenir des rapports
ambigus avec Virginia, notamment pendant la
grossesse de sa femme. Durant le voyage de noces
du jeune couple les deux sœurs s'écrivent presque
quotidiennement. Mais Virginia se sent abandonnée par celle qu'elle aime à n'en pas douter bien
plus qu'une sœur. Ce qu'elle redoute tant n'ad-
viendra pas : elles resteront soudées jusqu'à la fin
de leur vie. Pour l'heure, Virginia se retrouve seule
avec Adrian, le plus jeune de la tribu Stephen, le
préféré de Julia avec qui elle-même n'a guère d'affinités. Contraints de quitter le domicile où le jeune
couple file le parfait amour, le frère et la sœur s'installent au 29 Fitzroy Square où ils vont cohabiter
dans une absence d'harmonie significative. Pour
Virginia c'est une page qui se tourne. Loin de
Thoby et de Nessa, il va falloir trouver d'autres
moyens pour continuer à vivre. D'autres lieux,
d'autres aventures puisque l'enfance n'est plus
qu'un paradis perdu qui scintille au loin du côté de
St. Ives.

Ce n'est donc pas tout à fait un hasard si Virginia entreprend l'année suivante la rédaction d'un
manuscrit qu'elle intitule *Melymbrosia*. C'est son
premier roman. Il ne sera publié que neuf ans plus
tard après avoir subi maints remaniements. À commencer par le titre qui deviendra *La Traversée des
apparences*. Une habitude que conservera Virginia

qui pour chacun de ses livres hésitera souvent entre deux titres avant d'opter pour le second. En 1907, lorsqu'elle entame l'histoire de ces Anglais en voyage en Amérique du Sud, elle ignore encore l'ampleur du travail qui l'attend. À vingt-cinq ans, si Virginia a déjà à son actif plusieurs articles, elle n'a jamais tenté de véritable incursion dans le domaine de la fiction. Ce n'est pourtant pas faute d'idées mais plutôt de confiance en ses propres capacités. C'est Violet Dickinson, une amie de la famille, qui va l'encourager dans ses premières tentatives littéraires. Une femme qui comme toutes celles qui compteront par la suite est beaucoup plus âgée que Virginia. Ce qui séduit d'emblée Violet chez cette jeune fille tout en émoi, c'est son extraordinaire potentiel. Dès leur première rencontre les jeux sont faits. Virginia a besoin d'être guidée et protégée. Violet Dickinson n'a qu'une envie : être le mentor de ce jeune talent ne demandant qu'à éclore. Son premier amour aussi. Violet Dickinson préfigure toutes ces femmes maternelles auprès desquelles Virginia recherchera sa vie durant un peu de la chaleur qui lui a tant fait défaut. Auprès de cette femme de dix-sept ans son aînée qui mesure près d'1,90 mètre, Virginia peut continuer à faire l'enfant. Violet la comprend, la rassure, l'encourage. C'est elle la première qui lui laisse entrevoir quelle formidable aventure peut être la littérature. Dès 1904, consciente de son talent, elle lui fait rencontrer Margaret Lyttleton, directrice des pages féminines du quotidien *The Guardian* où Virginia débutera comme critique littéraire. Violet sait l'écouter mais surtout lui insuffler un peu de cette confiance en elle qui lui fait défaut. Notamment au sujet de ce livre pour lequel elle nourrit tant de craintes. Qui peut comprendre mieux que Violet les tourments de Rachel, une jeune fille de la bourgeoisie londonienne qui ressemble à sa jeune protégée comme une sœur ! Miss Vinrace, héroïne de ce premier roman, a ainsi que Virginia perdu sa mère très jeune. C'est une jeune fille au tempérament émotif et exalté qui découvre au fil des pages qu'elle « peut être une personne par elle-même ». Un apprentissage que Virginia mène parallèlement à ce personnage porte-parole de ses interrogations de l'époque. À l'automne 1908, Virginia consent enfin à montrer quelques feuillets à son beau-frère. Clive Bell l'encourage mais ne semble pourtant guère convaincu. Virginia elle-même rongée par le doute ne cesse de reprendre, de corriger, allant jusqu'à retravailler certaines scènes plus d'une dizaine de fois sans jamais être satisfaite du résultat. Un perfectionnisme qui ne la quittera pas mais que ce premier livre, par la somme d'angoisses qu'il concentre, a le don d'exacerber.

En 1913, quand elle apprend que son manuscrit va être publié par son demi-frère Gerald Duckworth, Virginia est dans un tel état d'épuisement qu'elle n'a même plus la force de se réjouir. Ce qu'elle ignore c'est qu'elle va encore devoir patienter deux ans avant la sortie effective du livre. Son demi-frère invoque la guerre en cours et la précarité de son état de santé pour justifier le report de la date de publication. Le 25 mars 1915, quand

La Traversée des apparences paraît enfin, Virginia vient d'être hospitalisée. Ce premier roman auquel elle a consacré huit ans de sa vie et dans lequel elle a mis tant d'elle-même a fini par avoir raison de son équilibre psychique. C'est au cours de l'été de la même année, tandis qu'elle se remet doucement de l'extraordinaire tension de l'écriture, qu'elle apprend le verdict : son livre est bien accueilli. Son ami l'écrivain Lytton Strachey prend même la peine de lui écrire pour la complimenter. Pour un coup d'essai, c'est un coup de maître, mais Virginia trop affaiblie ne parvient pas à prendre l'exacte mesure de son succès. Avec ce livre au titre prophétique, elle entre en littérature et fixe un rapport quasi immuable à l'écriture. Une première traversée qui inaugure une aventure qui sera celle de sa vie et pour laquelle elle vient de sacrifier la tranquillité toute relative de son âme. Pour Virginia, « écrire est un enfer », et elle ne cache pas à son amie Violet qu'il lui arrive de « rester des heures durant devant une cheminée sans feu, la tête entre les mains ». D'autres fois au contraire c'est une ivresse sans nom qui lui fait regretter de voir l'aventure toucher à sa fin. « Mon roman vit enfin ses dernières heures, écrit-elle au sujet de *La Traversée des apparences*. Quelle tristesse quand c'est fini ! »

Désormais Virginia ne connaîtra plus que des états paroxystiques oscillant continuellement entre exaltation et désespoir. Lorsqu'elle prétendra être heureuse, ce sera toujours avec « cette impression d'une étroite bordure de trottoir au-dessus du gouffre ». Chaque nouveau livre sera une plongée en eaux profondes pour laquelle la romancière n'hésitera pas à mettre sa santé en péril. Comme si chaque livre était toujours le premier sans que ni le temps ni le succès ne donnent jamais aucune espèce d'assurance. Les débuts sont exaltants. Toujours. Virginia raconte avoir composé *La Promenade au phare* comme souvent « dans une grande bousculade apparemment instinctive » en faisant le tour de Tavistock Square à Londres en 1924. Même chose six ans plus tôt avec *La Chambre de Jacob*. Virginia est alors à Richmond, dans cette banlieue de Londres où elle s'ennuie, quand tout à coup lui apparaît la structure de ce deuxième roman. Au fil des ans elle apprendra à reconnaître les signes avant-coureurs de la création. Chaque nouveau livre part d'une impulsion qu'il faut savoir attendre. L'écriture vient ensuite, semblable à un jaillissement. Les débuts sont glorieux, mais les lendemains sont là pour rappeler qu'« écrire est toujours difficile ». Le doute s'insinue. Le travail prend alors le relais du bouillonnement créateur. L'alternance des moments d'euphorie et d'abattement peut commencer sa ronde. Celle qui note dans son Journal : « Quand j'écris, je ne suis qu'une sensibilité » redoute plus que toute autre chose la période qui suit la création à proprement parler. Le chemin qui va de la correction des épreuves aux premiers échos concernant le livre est pour elle un véritable calvaire. Il n'est pas un seul de ses romans que cette femme si exigeante n'ait trouvé exécrable au moment de la relecture. Le succès ne changera rien à l'affaire. En 1936, elle a plus de cinquante ans, compte parmi les auteurs majeurs de son siècle, collectionne les best-sellers et continue de douter d'elle de manière quasi maladive. *Mrs Dalloway* a eu un succès considérable, *Orlando* s'est vendu à plus de six mille exemplaires en l'espace de deux mois, *Les Vagues*, roman qu'elle pensait inintelligible, a reçu le meilleur accueil critique qui soit. Pourtant, le 16 janvier 1936, alors qu'elle corrige les épreuves des *Années*, elle est à nouveau au bord du gouffre, anéantie par un sentiment d'échec irrémédiable :

> Je ne me suis jamais sentie aussi malheureuse qu'hier soir (...) en relisant la dernière partie (...) Un bavardage insignifiant, un commérage nébuleux, l'évidence de ma propre décrépitude et sur une vaste échelle.

Quelques mois plus tard, tous les critiques tombent d'accord : le livre est un chef-d'œuvre. Le 1er juin 1937, Virginia Woolf est en tête de liste des ventes du *Herald Tribune*. Vingt-cinq mille exemplaires sont vendus : un record ! Tout Virginia est là. Dans ces hauts et ces bas vertigineux qu'elle traverse. Dans cette sensibilité exacerbée qui fait de sa vie un parcours fragile et chaotique. Avec *La Traversée des apparences* elle découvre les joies mais aussi les douleurs que lui réserve une vie dont elle ignore encore qu'elle sera tout entière vouée à l'écriture. Pour l'heure elle n'a qu'une certitude, capitale : celle de faire en écrivant « ce qui est plus nécessaire que tout le reste ». Lorsqu'elle tombe malade à la veille de la parution de son premier roman, elle inaugure là encore un scénario qui se reproduira souvent mais qui ne l'empêchera jamais de mener à bien les objectifs qu'elle s'est fixés. En embrassant une carrière littéraire, Virginia fait le choix de naviguer au bord du gouffre et troque définitivement le paradis perdu de l'enfance contre l'exaltation de l'écriture.

L'avantage d'une première expérience doulou-reuse est dans l'enseignement que l'on en retire. Loin d'être échaudée par cette traversée mouve-mentée, Virginia n'a qu'une envie : recommencer. « Je pense beaucoup à mon avenir, confie-t-elle à son beau-frère, et au genre de livres que je vais écrire — à la manière dont je vais redonner forme au roman, capturer des multitudes de choses qui, pour l'instant, m'échappent encore, emprisonner le tout et modeler à l'infini des formes étranges. » Vir-ginia voit loin. Mais pour l'heure il s'agit avant tout de parvenir à endiguer l'extraordinaire défer-lement d'émotions que vient de susciter la création. À trente-trois ans la jeune femme met donc en place une organisation personnelle lui permettant de continuer à faire ce qu'elle aime plus que tout au monde : écrire des romans. Nulle stratégie de sa part mais une sorte de prescience concernant ce qui est bon pour elle, et qui va, un temps au moins, la préserver. Une manière de contenir ce flot irré-pressible qui finira par envahir toute son œuvre jusqu'à la mener sur ce petit sentier qui débouche sur l'Ouse et au bout duquel son aventure prendra fin. Ainsi, et comme elle le note avec lucidité dans son Journal : « Quoi qu'il arrive et bien que la surface risque d'être agitée, le fond restera imperturbable. »

Cette femme si divinement heureuse un jour et si désespérément déprimée le lendemain a conservé de son enfance un talisman qu'elle gardera précieusement toute sa vie et qui, à défaut de la sauver, l'aidera dans les moments les plus difficiles. Il lui vient de son père qui le tenait lui-même du sien. Les Stephen ont en commun ce vice impuni : la lecture. Ils ont aussi comme un gène transmissible un goût certain pour l'écriture. Le père de Virginia se ruine la santé à la rédaction du fameux *Dictionnaire biographique de l'Angleterre*, comme son propre père, James Stephen, s'était risqué avant lui sur un terrain similaire en publiant un ouvrage intitulé *Essais de biographies ecclésiastiques*. Virginia a de qui tenir. Il n'est guère étonnant que la biographie occupe une place si importante dans son œuvre. Qu'elle soit fictive comme dans *Orlando*, transposition sur plusieurs siècles de la vie de son amie Vita Sackville-West qu'elle publiera en 1928, ou réelle comme celle qu'elle consacrera vers la fin de sa vie à son ami le peintre Roger Fry, elle est au cœur de ses interrogations. Pour l'heure, à défaut d'écrire des biographies, Virginia n'aime rien tant que se plonger dans la vie d'autrui. Sans doute parce que la sienne ne correspond pas exactement à l'idée qu'elle s'en est faite. Pour cette jeune fille qui apprécie par-dessus tout les nourritures intellectuelles, devoir rester au 22 Hyde Park Gate tandis que ses frères se rendent au collège est un véritable pensum. Les sœurs Stephen sont ce que Virginia appellera plus tard des « filles d'intellectuels cultivés ». Une catégorie privilégiée qui, tout en étant tenue à l'écart des lieux institutionnels du savoir, a la chance de par sa naissance de ne pas en être totalement privée. Virginia Stephen a conscience de bénéficier d'un traitement de faveur en comparaison de certaines jeunes filles à qui on refuse toute éducation, mais elle est surtout sensible à l'injustice fondamentale dont les femmes sont généralement l'objet. Ce sera le point de départ d'*Une chambre à soi*, un essai aux accents féministes publié en 1929 qui est l'un des livres les plus connus de Virginia Woolf. Si la petite Ginia n'a pas comme ses frères la chance d'aller étudier à Cambridge, elle a en revanche celle d'avoir un père qui lui ouvre toutes grandes les portes de sa bibliothèque. C'est à l'étage, dans ce bureau à l'odeur de tabac froid dont les vastes fenêtres donnent sur Kensington Square, que Virginia découvrira ces auteurs qui vont changer le cours de sa vie. Richard Hakluyt sera l'un des premiers. Leslie Stephen, qui n'a pas manqué d'observer la fascination de sa fille pour ce grand ouvrage intitulé *Voyages et découvertes de la nation anglaise sur terre et sur mer depuis 1500*, le lui confie dans un moment de mansuétude avec toute la solennité exigée. Le précieux butin serré contre son cœur qui bat la chamade, Virginia dévale les escaliers de la grande maison et se réfugie dans sa chambre où elle passe le plus clair de ses journées. Là, à l'abri des regards, elle se plonge avec ravissement au cœur des exploits de ces obscurs aventuriers qui vont être les premiers à alimenter sa rêverie maritime. Lorsqu'elle revient sur la terre ferme, c'est pour se lancer à la conquête des grands prosateurs élisabéthains. Aucun programme ne semble trop ambitieux pour cette toute jeune fille avide de savoir qui projette d'écrire un essai sur la religion chrétienne. Jusqu'à l'âge de douze ans, les lectures de la petite Ginia sont largement guidées par son père qui contribue ainsi à l'éclosion de sa vocation. De temps à autre il lui donne des romans mais le plus souvent des ouvrages fort austères pour une fillette de son âge. Sous sa houlette elle découvrira son ami l'historien Thomas Carlyle et viendra à bout de la somme écrite par son grand-père ainsi que de la biographie en dix volumes de Walter Scott. Mais son insatiable appétit réclame encore et toujours d'autres nourritures. Des romans aux essais en passant par les biographies, rien n'effraie cette jeune fille éprise de connaissances qui prend l'habitude d'avoir toujours trois ou quatre livres à son chevet. Euripide, Sophocle, Platon mais aussi Jane Austen, Dickens, George Eliot ou Hawthorne qu'elle aime lire à haute voix à sa sœur.

Les livres, voilà dans l'ensemble ce que j'aime par-dessus tout, note-t-elle dans son Journal d'adolescente. Quelquefois pendant plusieurs heures d'affilée, j'ai le sentiment que la substance physique de mon cerveau s'étire et s'agrandit, qu'un sang nouveau bat à l'intérieur de plus en plus vite — il n'est point de sensation plus exquise que celle-là.

Le plus souvent Virginia apprend dans la solitude de sa chambre tandis que son père enfermé
dans son bureau travaille à son grand œuvre. Les
occasions de discussion sont rares. Il faut attendre
l'heure des leçons particulières. Parmi les précep-
teurs qui viennent offrir leurs services au 22 Hyde
Park Gate, il y a Janet Case. C'est la préférée de
Virginia. Celle aussi qui fait battre son cœur.
Même si elle prend plaisir aux moments passés en
sa compagnie, ses échanges intellectuels avec elle
ne sont rien en comparaison de ceux qu'elle peut
avoir avec son frère. C'est pour Thoby que Virginia lit avec une telle frénésie. Un jeune homme
qui ressemble à un dieu grec et qui a la chance de
pouvoir comparer et échanger son point de vue
avec ses amis de l'université. Virginia, elle, est
seule. Petite autodidacte à la volonté de fer, elle
entend compenser son isolement intellectuel par sa
puissance de travail. Cet apprentissage difficile
n'échappe pas à Thoby pour qui le souvenir de Virginia enfant est celui d'« une petite créature sans
coquille » isolée dans la grande maison de Hyde
Park. En fin de semaine, quand il rentre de Cambridge tout auréolé du savoir qui lui a été dispensé,
il se précipite dans la chambre du fond où il la
trouve généralement en train de lire du grec ou
d'écrire comme lui un essai sur les élisabéthains.
Encore pleine de fierté pour la petite fille volontaire
et courageuse qu'elle a été, Virginia Woolf écrira
près de quarante ans plus tard dans son récit autobiographique : « Outre ses sentiments fraternels,
Thoby avait, je crois, une attitude amusée, pleine

de curiosité. J'avais un an et demi de moins que lui » et surtout : « J'étais une fille ! »

Les habitudes contractées pendant l'enfance sont parmi les plus tenaces. Virginia restera une lectrice infatigable. Elle aura toujours plusieurs livres en train et passera souvent des journées entières à lire. Tout au long de sa vie, elle tiendra une comptabilité précise de ses lectures qui témoignera toujours d'un appétit insatiable. Alors qu'elle n'a pas terminé *Mrs Dalloway*, elle envisage entre deux séances d'écriture de lire « un peu d'Homère, une tragédie grecque, un peu de Platon ; Zimmern, Sheppard comme manuel ; la vie de Bentley mais aussi un peu d'Ibsen pour le comparer à Euripide ; Racine avec Sophocle ; et peut-être Marlowe avec Eschyle » ! Pour Virginia, la lecture s'apparente toujours à une récréation par rapport à l'écriture qui l'obsède et la travaille sans relâche. Si écrire est de l'ordre de la souffrance, lire semble en revanche lui apporter une forme d'apaisement. Dans les périodes d'impasses créatives, c'est toujours vers les livres qu'elle se tourne, cherchant un réconfort en attendant des jours meilleurs. C'est une technique qui a souvent fait ses preuves et qui lui permet de repartir nourrie de cette parenthèse accordée à d'autres. Mais la règle connaît une exception : Proust. L'auteur de *La Recherche*, qui représente pour elle le modèle suprême, la déprime considérablement. Ce qu'elle admire plus que tout chez lui, « c'est ce mélange d'extrême sensibilité et d'extrême ténacité... Il est résistant comme une

corde de violon et évanescent comme le scintille-
ment des ailes d'un papillon ». Belle autodéfinition
dont Virginia a si peu conscience qu'elle note dans
son Journal :

> J'ai pris Proust après dîner et puis je l'ai remis en place. Ce
> fut un moment terrible et cela m'a donné des idées de suicide.
> Il semble qu'il n'y ait plus rien à entreprendre.

La majeure partie du temps elle ressort pourtant
à la fois ragaillardie et enrichie par la lecture d'autrui. En avril 1930, tandis qu'elle termine la rédaction des *Vagues*, la seule liberté qu'elle s'octroie est
de lire Shakespeare. Son envergure, sa rapidité, son
élan et sa prodigieuse maîtrise sont pour elle le
meilleur des stimulants. À d'autres périodes de sa
vie elle préférera la fréquentation d'Ibsen ou de
Tchekhov. La lecture pour Virginia Woolf est en
relation étroite avec l'écriture et ne saurait en aucun
cas s'apparenter à une activité mineure. Même si
lire est de l'ordre du délassement, ce n'est jamais
que par comparaison avec écrire qui exige une
extraordinaire tension. Ce que Virginia recherche
avant tout dans la lecture comme dans l'écriture,
c'est l'émotion. Celle qu'elle cherche à faire ressentir en tant qu'écrivain, elle veut aussi l'éprouver
en tant que lectrice. Il n'existe de lecture chez Virginia Woolf qu'active. Le programme des livres
qu'elle choisit est lié au travail d'écriture en cours.
Il n'y a pas de hasard mais une alchimie secrète
pour que lecture et écriture entrent en résonance.
Cette activité à laquelle elle consacrera toujours

une partie importante de son temps trouvera son prolongement logique dans la critique littéraire.

Virginia écrit son premier article en 1904 dans *The Guardian*. Elle a vingt-deux ans et ignore qu'elle débute alors une activité qu'elle continuera peu ou prou toute sa vie. Au départ, le journalisme est une manière de gagner de l'argent en faisant ce qu'elle aime plus que tout au monde : lire et écrire. Le succès venant, Virginia se posera souvent la question d'arrêter la critique littéraire dont elle n'a plus besoin pour vivre mais ne parviendra pourtant jamais à y renoncer tout à fait. En 1928, alors qu'elle a déjà deux best-sellers à son actif — *Mrs Dalloway* et *La Promenade au phare* —, la romancière continue de collaborer à des journaux aussi prestigieux que le *Times Literary Supplement*, *The Nation* ou *The New Statement*. Au-delà de la sécurité financière, Virginia trouve dans l'exercice de la critique la possibilité non négligeable de se ressourcer au contact de la pensée d'autrui. Lorsqu'elle lit un roman, c'est toujours dans l'espoir de « découvrir (...) une graine particulière de la vérité à laquelle elle a consacré son cœur ». Lorsqu'elle écrit une critique, c'est toujours avec l'intention de faire partager son enthousiasme. Que ce soit la lecture, la critique ou l'édition, Virginia Woolf envisage toutes ses passions avec la même exigence. Il n'y a pas chez elle de notion d'activité secondaire. Tout est essentiel et traité avec cette honnêteté intellectuelle qui la caractérise : « Quand j'écris une critique moi-même, dit-elle, j'écris chaque phrase comme si elle devait passer devant trois magistrats. » On a souvent reproché à Virginia Woolf son élitisme alors que sa quête est d'abord du côté de l'émotion. On la taxe d'intellectualisme tandis qu'elle ne rêve que d'une chose : être « ordinaire ». Même si l'adjectif semble bien peu approprié à son cas, il ne faut pas se méprendre sur sa signification. Non, Virginia Woolf n'est pas une lectrice ordinaire, ni dans le choix de ses lectures ni dans la capacité qui est la sienne de tout lire. Oui, Virginia Woolf est une lectrice ordinaire si l'on considère que son esthétique privilégie d'abord l'émotion. C'est pour dissiper ce malentendu qu'elle publie en 1925 un premier recueil de critiques qu'elle intitule le *Lecteur commun*, suivi en 1932 d'un second tome dans lequel se mesurent toute l'intelligence et la finesse de son jugement. Que ce soit en tant que lectrice ou en tant que critique, Virginia Woolf recherche avant tout un « choc affectif ». Ce même choc dont elle explique dans *Une esquisse du passé* qu'il est à l'origine de sa vocation : « Je persiste à croire que l'aptitude à recevoir des chocs est ce qui fait de moi un écrivain. » Pour Virginia Woolf, il n'y a pas de distinction entre celle qui lit et celle qui écrit. L'une et l'autre marchent main dans la main en quête de sensations. « Le paradis est une lecture continue », écrit-elle, rappelant ainsi que depuis l'enfance elle trouve dans la fréquentation des autres auteurs une forme d'apaisement qui lui est d'autant plus précieuse que la création l'épuise. Même chose pour la critique littéraire. Cette activité, parce qu'elle exige d'elle le recul nécessaire à la compréhension d'autrui, lui permet temporairement de mettre à distance les problématiques qui sont les siennes. Quand la romancière se plonge dans l'écriture d'un article, elle oublie momentanément son livre en cours. Virginia Woolf pratique l'alternance. Tels certains acteurs de théâtre elle passe d'un rôle à un autre avec une agilité déconcertante. Auteur, critique ou lectrice, le rôle qu'elle interprète est pourtant toujours le même. Celui d'une femme passionnée, exigeante, qui trouve dans ces activités qui se nourrissent l'une l'autre une forme d'équilibre et un enrichissement permanent.

Parmi les nombreuses pratiques littéraires de Virginia Woolf, il en est une, essentielle, à laquelle elle va s'adonner quasi quotidiennement pendant près de trente ans : son Journal. Comme de nombreuses jeunes filles de son âge, Virginia commence à noter ses pensées au moment de l'adolescence mais son véritable Journal ne débute qu'en 1915 pour se clore en 1941. Quatre jours avant d'aller se jeter dans l'Ouse, elle consigne encore le menu du repas du soir : haddock et chair à saucisse. Dans son Journal, Virginia note tout. Le temps qu'il fait, les visites qu'elle reçoit, les romans qu'elle lit, la progression de ceux qu'elle est en train d'écrire, ce qu'elle pense de ses confrères, de ses amis, ses espoirs, ses craintes : tout. Dans le secret de ces pages Virginia se montre telle qu'elle est : authentique, émouvante, tourmentée mais aussi légère, spontanée, frivole. En un mot : vivante. Le vrai

Journal de Virginia Woolf débute à Richmond, banlieue de Londres où son mari l'a emmenée vivre dans l'espoir qu'elle se refasse une santé. Non seulement elle continue de dépérir mais en plus elle s'ennuie. Raison toute trouvée pour consigner ses pensées dans de grands cahiers qui de son propre aveu se nourrissent de l'indigence de sa vie sociale. Le Journal comporte vingt-six volumes qui sont autant d'étapes essentielles pour tenter de comprendre cette femme qui, dans cette profusion de pages, se livre sans fard. Or, la version que nous avons de ce même Journal a été réduite à un seul volume. Une coupe drastique qui est l'œuvre de son mari Leonard Woolf qui justifie sa décision en ces termes :

> Le Journal est trop personnel pour être publié intégralement tant que vivront de nombreuses personnes auxquelles il fait allusion.

Lorsqu'il décide en 1953 de le rendre public, c'est avec l'intention de mettre exclusivement en lumière l'activité littéraire de Virginia Woolf. Ce faisant il prive sciemment ses lecteurs de tout un pan essentiel qui est celui de la vie privée. Omettre ces détails infimes de l'existence auxquels Virginia Woolf accorde justement une place prépondérante, n'est-ce pas d'une certaine manière la trahir ? Virginia s'adonne à son Journal dans les interstices de l'écriture, c'est-à-dire généralement après le déjeuner ou avant le dîner. Là, après une matinée ou une journée entière à batailler avec les mots pour leur faire rendre tout leur suc, elle note ce qui compte plus que tout pour elle, à savoir la progression de son travail. Détail significatif, elle écrit le lendemain de son anniversaire :

> J'ai trente-huit ans. Il est indéniable que je suis beaucoup plus heureuse que je ne l'étais à vingt-huit ans. Et plus heureuse que je ne l'étais hier, car j'ai entrevu une formule nouvelle pour un autre roman.

Pour Virginia Woolf, si le bonheur existe, il ne peut être que littéraire. Le roman auquel elle fait allusion s'appellera *La Chambre de Jacob*. Elle le commence la semaine suivante avec l'intention de mener une véritable expérimentation formelle qui la ravit d'avance. Dans ce troisième roman, son intention est de bousculer les canons en vigueur en faisant éclater le récit en différents fragments qui devront s'enchaîner avec naturel, aisance, et surtout légèreté. Comme toujours au début elle est portée par la perspective enchanteresse qui vient de s'ouvrir à elle. Un mois plus tard, tout à l'euphorie de ce projet révolutionnaire, elle note : « Je progresse dans Jacob — le roman le plus amusant que j'aie jamais fait, je crois — amusant à écrire s'entend. » Quelques semaines plus tard les doutes entament peu à peu la confiance des débuts. Virginia se tourne alors vers son Journal, « cette vieille confidente pleine de bienveillance » qu'elle emmène partout avec elle et à qui elle peut tout dire de ce sentiment d'échec auquel elle est si souvent confrontée. La grande aventure de Virginia Woolf, c'est la littérature, et son Journal une sorte de *making off* permettant aux lecteurs d'accéder aux coulisses de l'écriture. L'envers du décor révèle un travail de Sisyphe. Chaque nouveau livre est un chemin de croix. Une souffrance permanente transfigurée par de rares moments de grâce qui seuls donnent encore le courage de continuer. Virginia connaît l'histoire par cœur. Ce qui ne l'empêche pas de replonger chaque fois avec la même fébrilité, la même ivresse. Le processus se reproduit toujours à l'identique : « Prolongé, plutôt douloureux, et cependant excitant, et dont on désire inexprimablement voir la fin. » Mais à peine aperçoit-elle l'issue que déjà germe dans cet esprit en perpétuelle ébullition le projet d'un nouveau livre. Ainsi va la vie de Virginia, traversée par les plus grands bonheurs, terrassée par les plus profonds désespoirs, voguant de livre en livre avec cette exaltation qui jusqu'au bout la portera. Si *La Chambre de Jacob* reste dans son esprit semblable à une « bataille », *Mrs Dalloway* s'apparente à une interminable « agonie ». Et que dire des *Années*, ce livre pour lequel elle a tellement souffert qu'elle affirme que lorsqu'il sera enfin terminé elle ne le regardera plus jamais. Pour faire face à l'intensité exténuante de la création, son plus fidèle allié est toujours son Journal. Elle sait que les émotions qui semblent prendre un malin plaisir à l'abattre une fois consignées perdent de leur intensité. « Ma mélancolie diminue à mesure que j'écris. Alors pourquoi ne pas la noter plus souvent ? » L'écriture du Journal, plus libre et plus ludique que l'écriture romanesque, a clairement une vocation thérapeutique. De plus, même si Virginia se reproche son style décousu, elle sait combien il est salutaire à l'art de la romancière. Écrire quotidiennement en s'octroyant une certaine forme d'abandon est une manière pour elle de faire ses gammes. Là, dans ces grands cahiers, à l'abri des regards, elle parfait son sens du trait et sa rapidité, devant sans cesse « saisir les mots, les viser et les tirer en moins de temps qu'il ne faut pour tremper (sa) plume dans l'encrier ».

L'un des secrets de Virginia consiste à soigner le mal par le mal. L'écriture romanesque par d'autres formes d'écriture. La fiction par le Journal. Le Journal par les lettres. L'activité épistolaire de Virginia Woolf rejoint celle de diariste en ce sens que l'une et l'autre s'apparentent à des figures libres. « Quand on écrit une lettre le tout est de foncer tête baissée, le bec de la théière peut cracher n'importe quoi à tout moment », écrit-elle à son amie Ottoline Morell pour aussitôt préciser : « Si je pensais que vous deviez ranger cette lettre dans une boîte, je m'empresserais de boucher le bec de la théière avec le bout de mon doigt. » Cette absence d'autocensure est à l'origine du plaisir d'écrire des lettres mais aussi de nombreux malentendus, avec ses contemporains comme avec certains lecteurs qui tenteront de réduire cet auteur à sa correspondance. Or, ce que Virginia écrit dans ses lettres est radicalement différent de ce qu'elle écrit dans son Journal, sans parler de ses livres. La seule chose qui demeure de manière immuable, c'est le plaisir d'écrire. À ses amis, aux femmes qu'elle aime, à ses ennemis aussi. Son interlocutrice préférée, c'est sa sœur. Avec Vanessa l'esprit des lettres est proche de celui du Journal : Virginia s'y révèle sans masque. Si tant est qu'elle puisse jouer totalement le jeu de la vérité avec cette sœur aînée dont elle persiste à croire qu'elle réunit toutes les qualités dont elle-même se sent privée. Les autres échanges de lettres en revanche portent clairement la marque du jeu social. La sincérité s'efface au profit du paraître. Virginia ne raconte plus celle qu'elle est mais celle qu'elle voudrait être. Quand la rivalité littéraire apparaît, le ton change résolument. Avec Lytton Strachey, dont elle admire l'intelligence et le talent, elle se montre volontiers critique. Sans doute parce qu'elle a le sentiment qu'il ne comprend pas son travail mais surtout parce qu'il officie sur le même terrain qu'elle. À chaque correspondant son registre. Avec Clive Bell celui de l'amour. Avec Roger Fry celui de l'art. Avec Katherine Mansfield celui de l'hypocrisie. Virginia aime écrire des lettres. Elle aime aussi en recevoir. Dans sa correspondance elle se révèle sous un jour nouveau. Volontiers perfide, parfois manipulatrice, elle fait oublier dans ses petits chefs-d'œuvre souvent irrésistibles de drôlerie la jeune fille hésitante, éthérée et fragile que l'on se plaît à imaginer au 22 Hyde Park Gate. Ici ou là, c'est pourtant la même personne qui s'exprime avec un talent de plume reconnaissable entre mille. Snob et sincère, cruelle et sensible, ambitieuse et désintéressée :

Virginia Woolf est tout cela et son contraire à la fois. Un immense écrivain et une femme comme les autres. On ne pardonne pas aux idoles. On a une image d'elle figée, stéréotypée. Alors que Virginia est essentiellement mouvante, insaisissable. Elle-même revendiquera toute sa vie la coexistence de plusieurs « moi » au sein d'un même individu. En faisant le choix de la littérature elle a fait celui de laisser s'exprimer ces mille vies que nous étouffons d'ordinaire en nous. La correspondance met en lumière une facette du personnage, brillante, parfois cruelle, mais le Journal en révèle une autre : sincère, toujours émouvante. L'unique endroit où il faut chercher la véritable Virginia est sans nul doute dans ses livres. Eux seuls sont destinés à la postérité. Les lettres comme le Journal ne sont jamais qu'un passe-temps en regard de la littérature. Elles correspondent à un autre type d'écriture, « une conversation sans cesse interrompue » qui assouplit sa plume, aiguise son humour et endurcit sa verve. Elles offrent aussi un avantage inestimable : celui d'apporter la vie lors de ces longues périodes de réclusion imposées par la création romanesque. Telle une bouffée d'oxygène, les lettres comme le Journal permettent à Virginia Woolf de continuer cette immersion en eaux profondes qu'exige chaque nouveau livre. Fin 1935, alors qu'elle n'a plus que quelques semaines pour terminer *Les Années*, elle sait que le risque est grand de sombrer si elle ne s'octroie pas quelques libertés. Une fois encore Virginia constate qu'« il n'est pas possible de se consacrer uniquement et intensément à la création d'un livre de grande envergure ». Une leçon que Virginia a tirée de *La Traversée des apparences*. Une première expérience fondatrice à partir de laquelle la romancière a mis en place un système d'alternance des genres qui va lui permettre de se perfectionner mais aussi de se préserver.

Pour Virginia l'écriture répond à une nécessité absolue. Aussi est-elle toujours, comme elle le note dans son Journal : « sur la piste de quelque chose ». À la manière d'un sportif qui ferait travailler tel ou tel muscle selon les jours, la romancière varie les plaisirs et alterne différents types d'écriture. Mais sa course de fond à elle c'est le roman. Si entre deux elle a souvent le sentiment qu'elle n'en écrira plus jamais tant le dernier lui a occasionné de souffrances, elle ne rechigne pas en revanche à l'idée d'entamer un essai ou une biographie. Histoire de se changer les idées. Quand Virginia Woolf se lance dans l'écriture d'un nouveau livre, c'est toujours avec l'intention de se reposer du précédent. Raison pour laquelle elle abordera ainsi en trente années consacrées exclusivement à l'écriture un grand nombre de styles, de sujets et de registres. L'éclectisme des lectures de jeunesse se retrouve dans la prolifération des genres. Celle qui voulait tout lire veut aussi tout écrire. De la biographie au roman historique en passant par le pastiche ou l'essai, rien ne résiste à son talent protéiforme.

À l'automne 1927, Virginia Woolf guette avec appréhension les premières réactions à la parution d'un livre dans lequel elle a mis beaucoup d'elle-même : *La Promenade au phare*. C'est toujours pour elle une période difficile que celle de l'attente du verdict. Qu'il soit élogieux ou pas, il la désta-bilise. Une mauvaise critique et Virginia Woolf passe quinze jours au lit affligée de violents maux de tête. Un bon papier et elle a le sentiment de ne pas avoir été véritablement comprise. Cette fois, comme souvent, l'article paru dans le *Times Lite-rary Supplement* est élogieux, ce qui ne l'empêche pas de se sentir déprimée. Heureusement, Vanessa, dont l'avis compte plus que celui de tous les cri-tiques réunis, est extraordinairement enthousiaste. Elle écrit aussitôt à sa sœur pour lui dire l'émotion qui a été la sienne à la lecture de ce livre qui a su si bien ressusciter leurs parents. Quelque peu rassérénée, Virginia tombe pourtant malade une semaine plus tard et se voit dans l'obligation de se reposer. C'est dans le calme de la petite maison de Monk's House qu'elle se remettra doucement de l'épuisement causé par ce livre essentiel. Dans la journée Virginia s'octroie quelques promenades jusqu'à la rivière accompagnée par son épagneul Pinker à qui elle apprend à rapporter à la nage la canne de Leonard. Le soir, pendant que le gramo-phone joue les dernières sonates de Beethoven, elle prend quelques notes. Le temps est à l'apaisement. Un état que Virginia ne goûte que rarement. L'après-midi, elle parcourt distraitement ce qui lui tombe sous la main en jetant un œil sur l'avance-ment des travaux de la nouvelle terrasse. Son amie Vita Sackville-West vient parfois lui rendre visite.

Elle sera l'héroïne de son prochain livre mais ni l'une ni l'autre ne le savent encore. Pour l'heure, Virginia entrevoit le début d'un tout autre livre. Elle pense l'intituler *Les Éphémères*. Ce sera une histoire d'amour, croit-elle alors. Un homme et une femme assis à une table causeront. De l'âge de la Terre. De la mort de l'humanité. La vision est floue. Virginia laisse venir à elle les images, les sensations, les souvenirs aussi. Tout ce qui viendra nourrir ce long poème mystique en phase de gestation. Ce sera l'un de ses plus beaux livres. L'un des plus étranges aussi. Comme souvent elle en changera le titre. Elle ne commencera vraiment à l'écrire que deux ans plus tard. Il s'intitulera *Les Vagues*. Ce sera non pas une histoire d'amour comme elle le pressentait mais une histoire d'enfants condamnés à devenir grands. D'ici là Virginia va prendre ce qu'elle appelle des « vacances d'écrivain », c'est-à-dire qu'elle va écrire un livre ! Cette fois ce sera une biographie. Elle envisage quelque chose de court et de rapide qui soit à la fois plaisant et sérieux. *Orlando* répond d'abord à un désir de fantaisie. Au sortir de *La Promenade au phare* qui a exigé une plongée dans les profondeurs, Virginia a besoin d'un tourbillon de légèreté. La vie aventureuse et romanesque de son amie Vita est un sujet rêvé. Ses ancêtres prestigieux, des personnages en or. Son château, présent de la reine Élisabeth à son cousin, un lieu mythique. Tous les ingrédients sont là pour donner le coup d'envoi de ce livre qui se révélera moins court que prévu puisqu'il s'étendra sur plus de trois siècles. Virginia imagine *Orlando* à la manière d'un pastiche à la fois clair et simple. C'est un livre qu'elle écrira après le thé avec le sentiment de s'amuser comme jamais. Une fois n'est pas coutume ! Elle en est la première étonnée et note le 20 novembre dans son Journal : « J'écris si vite que je n'ai pas le temps de retaper à la machine (…) Jamais je n'ai éprouvé cela. » Elle trouve quand même le temps de penser à un autre projet. Un essai sur les femmes et le roman, cette fois. Avec à l'horizon ce livre dont elle a entrevu les prémices et pour lequel elle sent confusément qu'il lui faudra à nouveau plonger en eaux profondes. En 1931, date de publication des *Vagues*, Virginia a déjà une longue pratique d'elle-même. Elle est un auteur à succès, ce qui n'a pas le don de la rassurer. Cette femme qui se connaît mieux que quiconque ne s'est à nouveau pas trompée quant à l'issue du scénario. Ce qu'elle redoutait tant ne manquera pas d'arriver et la fin des *Vagues* se soldera par un nouvel épisode dépressif. Dans l'importante production romanesque de Virginia, le cas de *Orlando* est suffisamment rare pour être souligné. Associé à un sentiment de gaieté, il se distingue radicalement des autres livres symboles de souffrances. Peut-être justement parce qu'il ne s'agit pas d'un roman mais d'une lettre d'amour à Vita dont la romancière prend plaisir à transposer l'existence tumultueuse. Virginia multiplie les registres et les activités, pour mettre à distance ce genre qu'elle place au-dessus de tout : le roman. Depuis *La Traversée des apparences*, elle ne sait que trop qu'il exige tout d'elle. Elle lui doit ses plus grandes exaltations mais aussi ses souffrances les plus extrêmes. Au fil des ans il deviendra de plus en plus difficile à cette femme qui vit essentiellement dans l'imagination de faire la part entre le réel et la fiction. C'est en connaissance de cause qu'elle note dans son Journal : « Mon épuisement vient de ce que je vis dans deux sphères à la fois, celle du roman et celle de la vie. » Aussi diffère-t-elle le moment de se mettre vraiment à l'écriture des *Vagues*, préférant se consacrer à *Orlando* qu'elle qualifie de « jeu d'enfant ». Elle procédera de la même manière lorsqu'il s'agira d'entamer *Les Années*, un livre qu'elle porte en elle depuis trop longtemps pour ignorer à quel point il sera important. Comme une jeune fille amoureuse elle confie à son Journal que le seul fait d'y penser lui fait battre le cœur. Un signe avant-coureur de l'ivresse mais aussi des vertiges à venir. Elle choisira donc de temporiser, repoussant inconsciemment le moment de se jeter à l'eau. L'intermède cette fois s'intitulera *Flush*. De son propre aveu Virginia confesse s'être « jetée dans *Flush* impétueusement après *Les Vagues* par manière de diversion ». Sans doute aussi pour goûter au plaisir de batifoler en surface. Ensuite il lui faudra à nouveau lutter au risque d'être engloutie. Certains de ses détracteurs lui reprocheront ce mélange des genres dont elle a fait sa spécificité. Ils parleront de dispersion alors que c'est de survie qu'il est question. La romancière invoquera le besoin authentique de toujours chercher dans de nouvelles directions. Un éclectisme vivifiant qui lui permettra de résister à la pression de cette exaltante aventure littéraire qui est la sienne.

Entre le premier roman de Virginia Woolf, *La Traversée des apparences,* et le dernier intitulé *Entre les actes*, plus de trente ans vont s'écouler. Trente années consacrées à la recherche du mot juste, de la métaphore la plus suggestive, du rythme le plus à même d'épouser ce flux de la conscience qu'elle a entrepris de retranscrire. Un voyage au cœur de la création romanesque qu'elle pousse à chaque livre un peu plus loin et dont elle ressort à chaque fois un peu plus affaiblie. En 1936, tandis qu'elle se bat avec *Les Années*, elle se retourne pour contempler le chemin parcouru. Il est fait de hauts et de bas vertigineux. Alors qu'elle corrige les épreuves de ce roman qui lui a causé tant de tourments, elle note dans son Journal : « Je ne me suis jamais sentie aussi près du précipice depuis 1913 », date à laquelle elle venait de terminer son premier roman. Durant ses trente ans d'écriture Virginia ne connaîtra plus dès lors que des états extrêmes allant de l'euphorie la plus communicative à l'abattement le plus inquiétant. Avec *La Traversée des apparences* elle entre en littérature et signe un pacte avec elle-même qui semble désormais lui interdire toute forme d'accès au bonheur. Qu'importe. Il y a longtemps qu'elle a oublié jusqu'à la signification même de ce mot. « Tous les écrivains sont malheureux, dit-elle. Ce sont les gens sans mots qui sont heureux ; les femmes dans le jardin de leur cottage. » Pour elle il y a longtemps que ce jardin n'existe plus. Depuis la mort de Julia exactement. Elle n'avait que treize ans. Dix ans après le décès de sa mère, Virginia a voulu faire l'expérience de retourner à St. Ives accompagnée de ses frères et sœur. Elle a poussé à nouveau le grand portail en bois de Talland House mais pour la première fois la magie n'a pas opéré.

La maison était là, avec ses deux fenêtres éclairées ; les vases de pierre étaient là, sur la terrasse, contre le massif de hautes fleurs ; autant que nous puissions en juger, tout était comme si nous étions partis le matin même. Pourtant comme nous le savions bien nous ne pouvions avancer, si nous avions fait un pas, le charme aurait été brisé.

Comment aurait-il pu en être autrement ? Il manque à la scène son personnage principal seul capable de lui insuffler la vie. En mai 1895, Julia Prinsep se retire sur la pointe des pieds du tableau aux couleurs éclatantes de l'enfance. Pour la famille Stephen, c'est un véritable séisme. Pour Virginia, petite fille à la sensibilité exacerbée, la fin de toute possibilité de bonheur. Comme si le mot lui-même venait d'être subitement rayé de son vocabulaire. À la place, des médecins aux diagnostics contradictoires inscriront : dépression, anorexie, exaltation. Privée de cette femme au visage d'ange qui savait seule la rassurer, Virginia Stephen est désormais condamnée à errer dans un monde voué à l'instabilité. Dans ce long couloir privé de lumière qu'est devenue sa vie, les livres seront son seul refuge et la littérature son unique salut.

L'enfer du 22 Hyde Park Gate

Pour la famille Stephen, l'année 1895 s'inscrit sous le signe du malheur. C'est par une journée de printemps, à l'heure où le jour se lève, que Virginia comprend que sa vie vient de basculer. Depuis la fenêtre de sa chambre elle aperçoit la silhouette du docteur Seton qui s'éloigne d'un pas dont la cadence dit l'immense lassitude. Nous sommes le 5 mai 1895, il est six heures du matin, sa mère vient de mourir. C'est George qui prend sur lui d'annoncer la triste nouvelle à ses frères et sœurs. Ils sont tous là réunis dans le grand salon aux lourdes tentures de Hyde Park Gate, leur maison londonienne. Seul Thoby manque à l'appel. Un télégramme vient de lui être envoyé à Clifton. Il ne pourra être là qu'en fin de journée. Vanessa et Virginia iront le chercher en gare de Paddington, chaperonnées par leur demi-frère George. Personne hormis Leslie ne semble encore prendre la mesure de ce qui vient de se passer. Les orphelins sont enveloppés à la hâte dans des serviettes et attendent sagement un bol de lait arrosé d'une larme de brandy censée réchauffer leurs cœurs glacés. Pour la petite Ginia qui s'étonne de ne rien ressentir la scène a quelque chose d'irréel. Presque de théâtral. Chacun tient son rôle entre larmes et hébétude. Virginia, elle, observe. Spectatrice d'un monde auquel elle ne parvient pas à prendre part. C'est le début d'un sentiment d'absence qui ne la quittera plus. Un sentiment qu'elle donnera plus tard à Rhoda, l'éternelle exilée des *Vagues*, qui, pour supporter la dureté du monde, interpose entre elle et lui mille écrans qui sont autant de pétales de roses. Le lendemain Stella intime à sa demi-sœur encore plus pâle qu'à l'accoutumée de l'accompagner rendre une dernière visite à leur mère. La fillette est réticente. Mais l'on ne déroge pas à la règle. Virginia a beau être fragile, chez les Stephen comme dans toute famille britannique digne de ce nom on respecte avant tout les usages. Dans la chambre obscure, Julia repose sur le grand lit, toute droite au milieu des oreillers. Son visage semble infiniment distant à la petite Ginia qui n'ose s'approcher. Elle s'apprête à reculer quand une main ferme l'engage à faire ce pour quoi elle est venue. D'un geste contrit elle se penche vers sa mère et pose sur son front ce dernier baiser que l'on attend d'elle. Une sensation de métal froid l'envahit qui restera à jamais gravée dans sa mémoire. En 1940, alors qu'elle entamera le récit de ses souvenirs, elle la retrouvera intacte. La scène des adieux à la mère, racontée dans ce fragment autobiographique intitulé *Une esquisse du passé*, est d'une précision qui en dit long sur son pouvoir traumatique. La jeune Virginia enregistre tout sans parvenir à se laisser gagner par une émotion dont la violence l'anéantirait. Seul Leslie laisse libre cours à sa peine, pleurant et gémissant sans retenue aucune. Des manifestations que Virginia juge théâtrales, elle qui a choisi de tout réprimer. Plus tard elle donnera à cette scène insoutenable pour une enfant de treize ans un traitement romanesque. Chaque fois en prenant soin d'éviter le registre pathétique qui l'a tant marquée ce jour-là. Que ce soit pour raconter la mort de Mrs Ramsay dans *La Promenade au phare* ou celle de Mrs Pargiter dans *Les Années*, Virginia Woolf choisira l'ellipse. À la théâtralité de naguère elle opposera la retenue. Elle comprendra plus tard que ce premier traumatisme est celui qui a décidé de sa vocation d'écrivain. Il sera suivi de beaucoup d'autres. Mais Virginia saura toujours les transcender. Ce qui ne te tue pas te rend plus fort, disait Nietzsche. Ce qui ne te tue pas te fragilise, mais de cette fragilité tu tireras ta force et tes livres, pourrait écrire Virginia Woolf. De cette propension à recevoir des chocs et à les transmuer par la magie des mots elle fera le socle de tout un système de pensée. Dans *Les Vagues,* roman qu'elle écrira à l'âge de quarante-huit ans, elle mettra en scène Rhoda, la jeune fille qu'elle aurait été si l'écriture ne l'avait sauvée. Et c'est avec une tendresse toute particulière que ce personnage semble s'adresser à l'écrivain que Virginia Woolf est devenue : « J'ai peur du choc des sensations qui bondissent vers moi car je ne puis pas les accueillir comme vous le faites ; je ne puis pas fondre le moment présent avec le moment à

venir. Pour moi tous les moments sont tragiques. »
Rhoda, dans son incapacité à transformer les chocs
émotionnels de l'existence en scènes romanesques,
est le négatif de Virginia Woolf. À la fin de sa vie
la romancière semble encore se féliciter de cette
aptitude qui lui a permis de survivre à une enfance
difficile et d'écrire ses romans les plus boulever-
sants.

> J'ai encore la particularité de recevoir des chocs inattendus,
> écrit-elle dans *Une esquisse du passé*, ils sont maintenant tou-
> jours les bienvenus ; la première surprise passée, j'ai aussitôt
> l'impression chaque fois qu'ils sont particulièrement précieux.

L'année 1895 inaugure le début d'une période
noire. Les chocs vont pleuvoir comme des coups.
Pour Virginia, les mois d'été qui suivent le décès de
sa mère sont semblables à un hiver sans fin, comme
si un gros nuage noir avait choisi d'élire domicile
au-dessus du 22 Hyde Park Gate. Là, dans cette
vaste maison désormais privée de son centre rayon-
nant, la famille Stephen erre abasourdie de chagrin,
ne prenant même plus la peine de tirer les rideaux.
Qu'il est loin le temps du bonheur à St. Ives ! Aux
cris de joie des enfants ont succédé les lamentations
des pleureuses. Aux robes blanches, le noir exigé
par le deuil. Aux éclats de rire, les voix étouffées
par le chagrin. Pour la première fois les Stephen
passent l'été à Londres. Les amis, la famille, les
relations, tous ceux qui venaient du côté de St. Ives
pour une visite, se pressent désormais dans le grand
salon où trône Leslie drapé dans sa douleur. Les

enfants ont pour consigne de ne pas faire de bruit. L'oreille aux aguets, ils attendent sagement que l'interminable procession daigne quitter cette maison que le deuil a transformée en mausolée orientalisant. Pour Virginia, Hyde Park Gate devient le symbole d'une existence en veilleuse dépourvue de plaisir et de joie : « Il semblait que nous fussions enfermés tous ensemble, tristes, solennels, irréels, dans un brouillard de pesante émotion. Il semblait impossible d'en sortir. Ce n'était pas seulement triste ; c'était irréel. On avait l'impression d'un doigt sur les lèvres », se souvient-elle. Dans cette maison du plus pur style victorien, tout semble plus conventionnel que jamais. À commencer par le chagrin. Dans *Une esquisse du passé*, Virginia Woolf évoque le sentiment d'hypocrisie qui régnait dans ce lieu oppressant dont le bonheur avait été banni : « On nous faisait jouer des rôles que nous ne sentions pas, raconte-t-elle, chercher des mots que nous ne connaissions pas. C'était une cause de confusion et d'ennui. » Le seul avantage de cette période noire réside dans le rapprochement des enfants Stephen. Déjà très unis avant la mort de leur mère, ils sortent de cette épreuve encore plus soudés qu'ils ne l'étaient auparavant. C'est Thoby le premier qui prend l'initiative de réveiller les esprits moins engourdis par le chagrin que par le discours lénifiant des proches qui ne cessent de dramatiser une situation qui l'est déjà suffisamment. Un dimanche soir, alors qu'il s'apprête à regagner le collège, il fait part à ses frères et sœurs de l'impossibilité de continuer à vivre dans un tel climat de tristesse. Virginia sur le moment lui en voudra, attribuant à un manque de cœur ce qui n'est en réalité qu'un puissant instinct de survie. L'ange blond venait de pousser un cri salutaire dans cette maison emplie de ténèbres où chacun était en train de se laisser sombrer.

Dans la vie de Virginia Woolf, on distingue généralement deux types de repères. Ses livres et ses dépressions. Une classification simplificatrice qui a contribué à la ranger de facto parmi les auteurs difficiles. Les mythes ont la vie dure. Dans l'inconscient collectif, Virginia Woolf reste une femme dépressive et suicidaire dont la compagnie littéraire n'est guère engageante. Le titre de la pièce d'Edward Albee n'arrange rien à l'affaire et constitue une raison supplémentaire de s'en tenir éloigné. *Qui a peur de Virginia Woolf ?* Tous ceux qui n'ont pas lu ses livres, dont on souligne rarement l'humour exquis. Certes Virginia Woolf a lutté toute sa vie contre la dépression. Mais entre chaque crise elle a toujours trouvé la force de poursuivre une œuvre aussi importante qu'exigeante. Certes, elle a choisi de mettre fin à ses jours. Mais l'on oublie le courage qu'il lui a fallu pour se laisser engloutir par les flots alors qu'elle savait nager. Certes, elle fut souvent sujette à des crises de démence. Mais dans les périodes de rémission elle savait goûter aux plaisirs de l'existence avec une délectation dont ses livres sont le meilleur témoignage. Il y a une sensualité chez Virginia Woolf que sa légende a fini par occulter. « Le simple fait d'être en vie est une volupté », écrit cette femme qui a tant lutté pour rester du côté de la vie tandis que sa maladie l'attirait vers la mort. Sa première dépression est généralement datée de 1913 et survient à la suite de son mariage avec Leonard Woolf. Si on la retient comme celle qui inaugure une longue série, c'est en raison de la violence des symptômes qu'elle révèle. Pourtant elle n'est jamais que l'expression paroxystique de troubles qui handicapent Virginia Stephen depuis de nombreuses années. Si en septembre 1913 Virginia, devenue depuis peu Mrs Woolf, fait une tentative de suicide par absorption massive de véronal, il y a déjà fort longtemps qu'elle actionne la sonnette d'alarme. Mais comme pour le personnage de Septimus dans *Mrs Dalloway,* personne n'est encore capable de mettre un nom sur sa souffrance. Encore moins de l'apaiser. Ce que la romancière raconte au sujet du décès de sa mère dans *Une esquisse du passé* laisse à penser que ses premiers symptômes remontent en réalité à ce premier traumatisme. C'est dans la chambre à demi éclairée par la lueur des bougies où repose Julia que la petite fille fait l'expérience de sa première hallucination. Là, face à cette scène difficilement soutenable pour une enfant de son âge, elle affirme voir un homme assis au côté de sa mère. Plus tard, parmi les nombreux symptômes de Virginia tels que l'anorexie, les céphalées et les insomnies, les hallucinations tiendront une place importante. Dans sa correspondance comme dans son Journal, il n'est pas rare qu'elle fasse référence à ces « horribles voix » qui l'assaillent dans les périodes critiques. C'est également à la suite de ce premier décès qui allait à jamais marquer son existence que Virginia Woolf commence à parler de manière explicite de l'intensification de ses sensations.

> La mort de ma mère, écrit-elle dans *Réminiscences*, intensifiait les contrastes (...) elle développait soudain chez moi certaines perceptions, comme si on avait braqué un miroir ardent sur ce qui était jusque-là dans l'ombre.

Ce que la mort de Julia Stephen met en lumière, c'est une propension à l'instabilité psychique avec laquelle Virginia devra composer toute sa vie. Plus tard, faisant référence à ce même symptôme, elle choisira de l'appréhender non comme une fatalité mais comme un don.

C'est donc en 1895 que commence pour elle une période de fragilisation mentale qui va de pair avec cette faculté si bien décrite dans son Journal de tout ressentir avec une extraordinaire intensité. Par la suite les symptômes qui se manifestent lors de ce premier traumatisme iront en s'intensifiant, notamment dans les périodes d'épuisement consécutives à la parution d'un livre. Le deuxième épisode dépressif de Virginia Woolf a lieu en 1904 à la suite de la mort de son père. Mais là encore le terme de dépression n'est pas employé. Pourtant l'état de Virginia est tellement alarmant qu'il exige la présence permanente de trois infirmières à son chevet. Sa sœur ne sachant plus à quel saint se vouer la confie alors pour plusieurs mois aux bons soins de Violet Dickinson, une amie de la famille trop heureuse de pouvoir s'occuper à plein temps de cette jeune fille aux nerfs fragiles. Virginia a alors vingt-deux ans et présente des symptômes dont aucun médecin ne semble pouvoir venir à bout. Dans sa lutte contre la maladie, qui occupera une grande partie de sa vie, le corps médical ne sera jamais d'une aide efficace. En 1922, Virginia Woolf entame un nouveau roman dans lequel elle projette de mettre une grande part de son expérience de la maladie. Le 22 octobre de cette même année, elle note dans son Journal :

Je voudrais écrire sans que l'on s'occupe de moi. *Mrs Dalloway* devient un roman et j'esquisse là une étude de la folie et du suicide. Côte à côte le monde vu par la raison et par la folie.

Un sujet à haut risque pour cette femme qui s'évertue depuis de nombreuses années déjà à maintenir son mal à distance. Le personnage de Septimus auquel elle a donné bon nombre de ses troubles nerveux lui ressemble tel un frère. Comme elle, cet homme s'entendra dire à plusieurs reprises que les hallucinations dont il est victime n'ont aucune raison d'être. Comme elle, il devra se plier à un traitement dont la naïveté pourrait prêter à sourire s'il ne s'était pas soldé par un suicide. Éviter de penser à soi et observer le plus grand repos sont les deux grandes prescriptions qui seront faites à Virginia toute sa vie. Une aberration qui ne justifie que trop bien la charge de *Mrs Dalloway* contre le corps médical. Virginia Woolf côtoiera une vingtaine de médecins tout au long d'une existence jalonnée de troubles nerveux et de crises de démence. Aucun ne fera montre d'une véritable compétence en matière de troubles psychiques. En cette fin de l'ère victorienne, la voix de l'âme n'est entendue que par une minorité. Si Charcot a réalisé des expériences plus que probantes sur des femmes corsetées par le moule puritain, le commun des médecins feint de n'avoir rien su de ses avancées. Conservateurs pour la plupart, ils opposent encore une forte résistance aux théories freudiennes. Le père de la psychanalyse a certes propulsé l'inconscient sur le devant de la scène, mais il faudra attendre les traumatismes causés par la Première Guerre mondiale pour que les mentalités évoluent véritablement. Pour l'heure Virginia doit apprendre à vivre avec ses différents symptômes. Au fil des années elle parviendra de mieux en mieux à les identifier sans pour autant parvenir à faire ce que la médecine traditionnelle préconise alors : les juguler. Tout commence généralement par de violentes migraines la contraignant à rester allongée des journées entières sans pouvoir s'alimenter, remâchant sans cesse des idées noires. Arrivent ensuite en cascade ces terribles hallucinations dont elle fera elle-même le compte rendu. En 1904, lors de son séjour à Welwyn chez Violet Dickinson, elle affirmera avoir entendu des oiseaux chantant des chœurs grecs ainsi que le roi Édouard VII utilisant le langage le plus cru. Plus tard elle parlera à sa sœur de ces démons noirs et velus auxquels la dépression la confronte sans cesse. D'autres fois encore elle aura l'impression de « battements d'ailes dans la tête », signe annonciateur d'un voyage dans ce « pays sans soleil » dont elle connaît toutes les régions y compris les plus inhospitalières. Dans son Journal, celle qui craint plus que tout de traverser une nouvelle phase de démence note scrupuleusement l'évolution de ses troubles nerveux. Seule manière pour elle de tenter de maîtriser ces phénomènes sur lesquels elle sait pourtant ne pas avoir de prise : « Un seul faux pas signifie désespoir déchaîné, exaltation et toute la séquelle de cette affliction trop connue, de toute cette gamme si longue du tourment. » Dans *Les Vagues* la menace de la folie est symbolisée par un aileron aperçu sur la mer au loin. Une image que Virginia emploie à nouveau dans son récit autobiographique et à plusieurs reprises dans son Journal. Être folle. Ou pis encore, que les autres la croient folle : telle est la hantise de cette femme qui se battra courageusement toute sa vie contre des symptômes auxquels tout un chacun voudra accoler un nom. Hystérie. Psychose. Dépression. Aucun diagnostic ne lui sera épargné. Le pire étant celui de son neveu et tout premier biographe, Quentin Bell, qui n'hésitera pas à employer ce mot qui la terrorisait : folie. Celle qui a approché de si près ses rivages préfère ne pas en faire état. Dès que l'on s'enquiert de sa santé, Virginia a toujours tendance à minimiser ses souffrances et feint la légèreté. Elle voudrait faire oublier son mal. Être une femme comme les autres. Là encore être une femme « ordinaire ». Lorsqu'elle écrit les scènes relatives au personnage de Septimus dans *Mrs Dalloway,* elle s'inquiète d'abord de montrer une trop grande dextérité dans sa manière de traiter le sujet. Mais plus encore, que les lecteurs et surtout les critiques ne perçoivent l'accent de vérité de ces pages. Pour Virginia Woolf, la folie est un terrain dangereux tant d'un point de vue littéraire que personnel. Lorsqu'elle ose aborder ce thème dans ce quatrième roman, c'est non seulement avec les plus vives appréhensions concernant son propre psychisme mais aussi avec le souci permanent d'éviter tout dérapage autobiographique. Personne ne doit savoir qu'en créant le personnage de Septimus c'est la face obscure de sa psyché troublée qu'elle a tenté d'exorciser. En 1895, on ne peut encore parler ni de dépression ni de démence mais déjà d'un certain nombre de signes avant-coureurs qui ne trompent guère. Ce que Virginia Stephen perd avec sa mère, c'est le sentiment de sécurité indispensable à tout être humain. À partir de ce jour, à la manière de Rhoda dans *Les Vagues,* elle ne vivra plus que « dans la crainte que rien ne dure ».

À la mort de Julia, Virginia va reporter sur Violet Dickinson toute l'affection dont elle se voit soudain privée. Violet a toujours été fascinée par l'intelligence de la fille cadette de Leslie. Par sa vulnérabilité aussi. En 1895, Virginia a plus que jamais besoin de réconfort. Auprès de Violet elle trouve de la tendresse mais aussi de la compréhension et un intérêt sincère. Elle peut lui confier ses chagrins, ses appréhensions, ses doutes. Célibataire et pourvue de nombreuses relations, Violet Dickinson mettra plus tard tout en œuvre pour aider cette jeune fille à l'allure gracile que la vie malmène. Si elle veille sur les quatre orphelins avec la même attention, sa préférence pour Virginia ne fait aucun doute. En sus de sa passion des lettres, cette grande femme fagotée comme l'as de pique que Leslie n'aime guère s'intéresse depuis toujours aux troubles mentaux. Sa petite protégée est un spécimen rare sur lequel elle va veiller avec la tendresse d'une mère. Sa propension aux troubles nerveux, Virginia l'attribuera plus tard à son père qu'elle a toujours connu irascible, anxieux et sujet à l'insomnie. Selon elle, c'est à la branche paternelle qu'elle doit ses qualités littéraires mais aussi son scepticisme et sa nervosité. En 1895, il est vrai que Leslie a des circonstances atténuantes. Sa seconde femme Julia Stephen vient de mourir et sa fille cadette lui cause bien du tourment. Elle ne s'alimente plus, se plaint de violents maux de tête et tient des propos incohérents. On fait venir une fois encore le médecin de famille dont l'ordonnance prescrit immuablement repos et lait chaud. Personne n'est encore en mesure d'imaginer l'ampleur des troubles de cette enfant émotive pour qui cette période sombre marque en secret le début de l'instabilité.

Julia morte, c'est toute la constellation familiale qui vole en éclats. Leslie terrassé par le chagrin se laisse aller à la dérive. Stella, l'aînée des filles de la maison, sent qu'il est de son devoir de ramener à la vie cet homme qu'elle connaît finalement si peu : son beau-père. Les grandes mutations se font en douceur. Les premiers jours, la jeune fille rendue plus pâle encore par sa robe de deuil s'installe au bureau de sa mère pour répondre aux lettres de condoléances. Les jours suivants, elle s'efforce d'alléger de son mieux l'atmosphère des repas devenue irrespirable. Peu à peu elle se charge presque naturellement des tâches matérielles dont s'occupait Julia. Avec le même sens du devoir. Le même esprit de sacrifice. Au fil des semaines cette jeune fille douce et rêveuse finit par endosser à la perfection ce rôle d'ange du foyer qui paraissait réservé à sa mère. À vingt-six ans Stella s'impose une mission bien lourde pour une jeune fille de son âge : celle de rendre le sourire à ce beau-père écrasé de chagrin, fût-ce au prix de sa vie. Elle s'y emploiera de toutes ses forces, prenant la suite de Julia dans ce rôle de femme soumise glorifié par une époque victorienne qui brûle de ses derniers feux. Autant Virginia nourrit des sentiments ambivalents à l'égard de Vanessa, autant ceux qu'elle éprouve pour sa demi-sœur sont limpides. Elle a une profonde affection pour cette jeune femme aux yeux candides qu'elle accompagnait lorsqu'elle était enfant dans les rues de Londres et qui ne manquait jamais de lui offrir un verre de lait et quelques biscuits saupoudrés de sucre. Dans son esprit Stella est un être à part, une fleur blanche « comme on en voit aux champs en juin ». Une énigme aussi dans le peu de ressemblance qu'elle offre avec George et Gerald. Comme si la vie lui avait épargné la grossièreté qui afflige à parts égales ses deux frères. Lorsque la jeune femme endosse avec le plus grand naturel le rôle de leur mère, les enfants Stephen s'accordent à trouver son dévouement héroïque. Par sa présence, son charme, son abnégation, cette jeune fille blonde illumine le morne quotidien de cette famille endeuillée. Virginia lui est d'autant plus attachée qu'à bien des égards elle lui rappelle Julia avec quelque chose de plus doux, de plus effacé, comme une photographie qui aurait passé au soleil. Et puis il y a le feuilleton à répétition, qui passionne au plus haut point les sœurs Stephen, de ses amours avec Jack Hills, un ami de George, avocat de son état. L'idylle commence de manière fort conventionnelle. Stella est ravissante. Jack lui fait une cour assidue. Pourtant le jour de la demande en mariage, contre toute attente Stella se dédie. De dépit le jeune homme s'exile en Norvège et les sœurs Stephen croient à la triste fin de cet amour hautement romanesque. Pourtant, au décès de leur mère, Jack Hills réapparaît au chevet de Julia qui a toujours été sa confidente. Pour les petites amoureuses par procuration que sont Vanessa et Virginia tous les espoirs sont à nouveau permis. Le couple représente pour Virginia la quintessence de l'amour. Cachée derrière ses livres elle ne perd pas une miette des doux mots échangés par les tourtereaux. Que Stella laisse traîner une lettre de Jack et aussitôt Ginia la passe au crible de son imagination enfiévrée. Que les visites du jeune homme s'espacent et elle se désole de ne plus pouvoir étudier de près ce couple qui préfigure ce que la vie lui réserve de mieux. Trois mois après le décès de Julia, les amoureux font part de leur projet de fiançailles au veuf éploré. Leslie Stephen, qui a reporté toute son affection sur sa belle-fille, se voit dans l'obligation d'annoncer le début d'une nouvelle ère à laquelle il ne croit guère : « Il faut que nous soyons heureux puisque Stella est heureuse. » Elle ne le restera pas longtemps. En avril 1897, le mariage est célébré. Il met fin à plusieurs semaines au cours desquelles Leslie Stephen, qui voit d'un très mauvais œil s'enfuir sa captive, s'est montré encore plus irascible qu'à l'accoutumée. Pour Virginia la situation ne fait aucun doute : « Il posait toujours au même personnage ; il était le solitaire, l'abandonné, le vieillard malheureux. En fait il était possessif, blessé, jaloux du jeune homme. » Les amoureux partiront en voyage de noces en Italie. Trois mois plus tard Stella mourra des suites d'une appendicite traitée avec négligence.

Pour Virginia le décès de sa demi-sœur agit comme une bombe à retardement. Toute la souffrance qui s'est accumulée en elle depuis la mort de sa mère sans qu'elle s'autorise à la vivre va être réactivée par ce nouveau drame. À deux ans d'intervalle la vie de Virginia s'effondre à nouveau. À l'inconscience et la douleur du premier traumatisme s'ajoute cette fois l'expérience. Virginia sait maintenant par quelle souffrance elle va devoir passer. Des années plus tard elle s'interroge encore sur le sens de ces épreuves : « À quinze ans être privée de protection, être précipitée hors de l'abri de la famille, voir des fissures et des brèches dans sa texture, s'y couper (...) : était-ce un bien ? » L'adolescence de Virginia n'est qu'une succession de traumatismes mettant à rude épreuve un équilibre précaire par nature. Pourtant, malgré l'acharnement manifeste du sort, cette jeune fille combative et obstinée trouvera plus tard en elle la force d'écrire des livres : « La mort a toujours un effet étrange sur ceux qui survivent. »

Dans *Réminiscences,* Virginia Woolf désigne la période allant de 1897 à 1904 comme celle des années malheureuses. Choisir comme date d'ouverture de cette période noire le décès de sa demi-sœur plutôt que celui de sa mère est révélateur de cette soudaine explosion de douleur trop longtemps contenue. À la suite du décès de Julia, Stella la bien nommée est passée tel un astre, n'illuminant qu'un court instant cette maisonnée qui semble vouée au malheur. Devant ces nouvelles circonstances dramatiques la famille Stephen tente à nouveau de s'organiser. Les choses vont se dérouler de la même manière qu'après la mort de la mère. Sans heurt. Cette fois c'est à Vanessa que revient la place qu'occupait autrefois sa mère et à laquelle sa demi-sœur n'a officié que trop brièvement. L'avantage de cette société qui vit ses derniers instants, c'est sa prévisibilité. Au poste alors si convoité de femme au foyer, la mère, la demi-sœur puis la sœur se succèdent avec le plus grand naturel. Mais à la différence de Stella, Vanessa cache une forte personnalité. Elle est aussi beaucoup plus jeune que sa demi-sœur lorsque lui incombe ce rôle pour lequel tous la croient faite. À dix-huit ans, telle une jeune reine alourdie par ses robes et ses responsabilités nouvelles, Vanessa se prépare à une vie qui ne ressemble en rien à ce qu'elle a prévu. Son règne sera plus long que celui de Stella. Plus agité aussi. Là où la première s'évertuait à bien faire, la seconde ne pense qu'à en avoir terminé. Les travaux domestiques, passage obligé de toute maîtresse de maison digne de ce nom, sont loin d'être sa tasse de thé. Elle a d'autres projets en tête autrement plus excitants. Si la mère s'est conformée toute sa vie à ce qu'exigeait l'idéal victorien, la fille en revanche fera ce que l'on attend d'elle sans jamais perdre de vue la seule chose qui l'intéresse : la peinture. Mais pour l'instant il lui faut assumer son nouveau rôle. Elle y met une application touchante. Dévouée avec ses demi-frères George et Gerald, protectrice avec Virginia, Adrian et Thoby et du plus grand secours pour Leslie que ce second drame a rendu encore plus amer.

Peu à peu la vie reprend ses droits. Et même si le cœur n'y est pas chacun s'efforce de jouer au mieux la comédie du bonheur. En cette fin de siècle, les Stephen ont déjà traversé deux deuils. Pour survivre, ils vont se raccrocher à ce que la société victorienne place au-dessus de tout : les apparences. En faisant les gestes quotidiens de toute famille de la bourgeoisie anglaise traditionnelle, chacun espère secrètement renouer avec une existence normale. Une journée chez les Stephen commence à 8 h 30. Adrian est toujours le premier levé. Il engloutit à la hâte un petit déjeuner, désireux de quitter au plus vite la maison. C'est le petit dernier, le préféré de Julia, avec qui Virginia n'a guère d'affinités. Autant ce qui concerne Thoby la passionne au plus haut point, autant le sort d'Adrian l'indiffère. Elle sait que ses résultats scolaires médiocres inquiètent Leslie mais n'a d'yeux que pour l'ange blond de Cambridge. Rituellement, elle ou sa sœur l'accompagne sur le pas de la porte en lui faisant un signe de la main que le brouillard a tôt fait d'effacer. Leslie quant à lui ingurgite en maugréant de quoi patienter jusqu'au déjeuner. Son expression douloureuse laisse présager une journée difficile. Vanessa de son côté pourvoit à l'organisation du repas du soir et se hâte pour ne pas arriver en retard à l'Académie des beaux-arts. Lorsque ses affaires l'exigent, Gerald part en même temps qu'elle et la dépose en fiacre. George est généralement le dernier à quitter la maison. Il fait traîner le petit déjeuner pour le seul plaisir de raconter à Virginia les derniers potins de la soirée de la veille. Soucieux de son apparence, il s'habille toujours avec recherche, ce qui n'empêche pas Virginia de le trouver rustre et grossier. Elle ne l'aime guère. Son frère Gerald encore moins. Ils représentent à ses yeux ce que la société britannique a engendré de pire. Deux êtres obtus et conventionnels avec qui il lui faut toujours composer. Et puis ce rôle de frère modèle que George s'évertue à jouer depuis la mort de Stella lui est tout bonnement insupportable. Son arrogance, cette manière qu'il a de relater les faits en les enjolivant pour lui montrer de quoi elle a été privée, son paternalisme : tout en lui la révulse. À commencer par ses petits yeux porcins dans lesquels semble s'être concentrée toute la bassesse de l'âme humaine. Elle fait mine de l'écouter mais n'attend qu'une seule chose : qu'il prenne son haut-de-forme et s'en aille enfin. Pourtant, une fois la lourde porte claquée, elle se retrouve seule dans cette grande maison sombre. Elle aurait bien aimé avoir comme les autres des obligations exigeant qu'elle arpente les rues de Londres avec cet air pressé qu'affichent les gens importants. Au lieu de cela elle reste confinée entre quatre murs. Réduite à la solitude ainsi qu'elle l'a toujours été. Enfant déjà elle aurait aimé aller à l'école. Avoir des petits camarades avec qui comparer ses résultats. Un sort réservé aux garçons de la famille qu'elle envie tellement. Elle entend Leslie qui referme la porte de son bureau et monte dans sa chambre où enfin l'attendent ses livres. Au programme : déchiffrage d'Euripide et de Sophocle puis lecture de *La République* de Platon. Quand elle se consacre à ce qu'elle aime, les heures filent à une vitesse vertigineuse. À 16 heures précises il faut pourtant suspendre toute activité intellectuelle ou artistique pour l'incontournable rituel du thé. Une occasion rêvée pour toute jeune fille de la bourgeoisie de montrer enfin ses compétences, c'est-à-dire son savoir-vivre. Pour les sœurs Stephen, c'est un véritable pensum qui exige d'être tout à fait présentables et de ne dire que ce que l'on attend d'elles. L'une et l'autre s'y plient de bonne grâce. Vanessa semble plus à son aise que Virginia qui se réfugie d'ordinaire dans un coin et rougit dès qu'une vieille tante inoffensive lui adresse la parole. Aucune d'elles ne prend plaisir à ces conversations insipides. Virginia observe le jeu social, ses us et coutumes, ses ridicules. Plus tard elle fera son miel de toutes ces scènes mondaines. Pour l'heure elle enregistre. Tout. Clichés, mimiques, attitudes et lieux communs finiront épinglés par cette plume dont l'ironie mordante n'épargnera personne. Leslie trône au milieu de cette assemblée affublé de son cornet acoustique désormais devenu indispensable. On s'inquiète de sa santé. Il ne résiste pas à la tentation de se plaindre. On le gourmande. Il en rajoute. Tout se déroule dans le plus parfait savoir-vivre britannique. Une qualité en somme que la bonne éducation. Bien des années plus tard Virginia se félicitera d'avoir conservé ce côté jeune fille bien élevée. Une manière comme une autre de continuer malgré les aléas de l'existence à jouer ce jeu dont les règles lui ont été inculquées dès l'enfance et qui se fondent sur la retenue, la sympathie et l'absence d'égoïsme. Tout ce que ses détracteurs lui reprocheront en somme et qu'ils résumeront en un seul mot : le snobisme. Certes, Virginia Woolf saura se montrer délicieusement frivole, superficielle, perfide aussi à l'occasion. À l'image de Clarissa Dalloway elle sait être une femme de son temps qui se plie aux conventions exigées par le jeu social. Pourtant elle est aussi une révolutionnaire dont le seul champ d'action sera la littérature. À vingt ans elle pressent déjà que ce savoir-vivre qui la rassure ne pourra être qu'un frein à son expression artistique. Il lui faudra pulvériser toutes ces politesses, toutes ces sucreries. Faire voler en éclats ces carcans rassurants et inventer une langue nouvelle. Elle s'y emploiera tant du point de vue du contenu que de la forme dans un désir toujours plus impérieux de tourner le dos à l'esthétique empesée du siècle qui l'a vue naître. Pour l'heure, il lui faut encore se conformer aux usages. À la tombée de la nuit la comédie sociale reprend de plus belle. À 19 h 30 les sœurs Stephen délaissent, qui son livre, qui ses pinceaux, pour une mise en beauté en prévision de la représentation du soir. George assiste aux préparatifs et donne son avis sur tout. Ayant généreusement décidé d'introduire les sœurs Stephen dans le monde, il trouve normal de superviser leur présentation. La moindre faute de goût et sa réputation serait à jamais ternie. Mais comment s'habiller avec cinquante livres par an, lorsqu'il s'agit de faire honneur à un demi-frère qui en a plus de mille ? Pour Virginia le cauchemar ne fait que commencer. Il faut d'abord descendre le grand escalier dans la robe verte qu'elle a mise pour l'occasion sous le regard désapprobateur de ce rustre sans cervelle. Certes la robe ne la met pas en valeur. Comme n'importe quel autre vêtement, pense la jeune femme qui toute sa vie aura un complexe vestimentaire auquel les frères Duckworth ne sont sans doute pas étrangers. Pour Virginia, aller dans un grand magasin acheter une nouvelle robe sera toujours une épreuve. Il faut soutenir le regard des vendeuses, ce qui n'est rien comparé au verdict du miroir. Une terreur qui remonte à l'enfance. La petite Ginia n'avait guère plus de cinq ans ; dans le hall de la maison de Talland House il y avait près de la porte de la salle à manger une console surmontée d'un miroir. Virginia Woolf racontera bien des années plus tard que son demi-frère Gerald l'avait hissée dessus pour mieux explorer sa petite personne entièrement à sa merci. Dans *Une esquisse du passé* ses propos ne peuvent être plus explicites :

> Je me rappelle encore la sensation de sa main s'insinuant sous mes vêtements, descendant régulièrement sans hésiter (...) de plus en plus bas. Je me rappelle que j'espérais qu'il cesserait, que je me raidissais et me tortillais tandis que sa main approchait de mes parties intimes. Mais il ne s'arrêta pas.

On a beaucoup glosé sur les sévices imposés par Gerald puis plus tard par George à sa demi-sœur. Réalité ou fantasme ? La principale intéressée ne le sait peut-être pas elle-même. Si les éléments concernant les relations de George avec les sœurs Stephen sont nombreux et sans équivoque, l'on dispose en revanche de peu de matériau concernant ce premier traumatisme que Virginia ne racontera qu'à l'âge de trente-neuf ans. Plusieurs scènes dans son œuvre peuvent certes avoir été inspirées par cet épisode. À commencer par celle où la petite Rose des *Années* est poursuivie dans la rue par un homme repoussant aux intentions douteuses. Plus tard, Virginia écrira cette phrase étrange qui ressemble à une justification : « Je n'ai aucun motif de mentir à ce sujet. » Qu'il faille la croire ou pas importe peu finalement. Ce qui compte, c'est l'importance que la romancière accorde à ce souvenir. C'est également la manière dont sa vie psychique s'est organisée en fonction de lui. Toute sa vie durant, quand Virginia se regardera dans un miroir, elle verra dans ses yeux l'effroi de la petite fille qu'elle a été et éprouvera un profond sentiment de honte. Cela seul compte ainsi que la manière dont elle transfigurera ce souvenir réel ou fantasmé dans ses livres. Descendre le grand escalier sous le regard de ce demi-frère au regard lubrique la met à la torture. Ce n'est pourtant que le début des réjouissances. Pour cette jeune femme timide et mal dans son corps, il va falloir faire l'apprentissage de la mondanité. Julia n'étant plus là pour chaperonner ses filles dans le grand monde, c'est George qui s'est porté volontaire pour cette initiation singulière. La robe ne lui plaît pas. Virginia n'a pas les moyens de lui tenir tête. Il a quatorze ans de plus qu'elle. Il est riche. Elle est pauvre. Et si elle ne se rend pas à ce bal avec lui, elle devra rester en tête à tête avec son père. Elle sait qu'elle n'a pas le choix. Comme Vanessa. Comme beaucoup de jeunes filles de son temps, Virginia doit subir au quotidien la tyrannie masculine. Dans la journée, Leslie et son autoritarisme. Le soir, George et sa concupiscence. Cette soumission obligatoire renforcera sa colère à l'égard de ceux qu'elle nomme « les mâles victoriens ». Elle a sous les yeux chaque jour trois spécimens de cette race qu'elle souhaiterait ardemment en voie de disparition. Celui à qui elle en veut le plus en définitive est le seul que son grand âge excuse en partie : son père. Si la bêtise classe George et Gerald au rang des cas désespérés, Virginia n'admet pas qu'un homme de la stature intellectuelle de Leslie puisse avoir des comportements similaires. Elle ne lui pardonnera jamais son indifférence au surmenage de Julia ni son attitude tyrannique à l'égard de Stella. Pour Virginia Woolf, sa mère et sa demi-sœur sont les victimes de cette société patriarcale qu'elle aura à cœur de dénoncer plus tard. Le spectacle chaque jour plus odieux que lui offre alors son père, qui a trouvé une nouvelle proie en la personne de Vanessa, va encore alimenter sa révolte. Elle saura s'en souvenir lorsqu'elle écrira ses deux essais féministes : *Une chambre à soi,* qu'elle publiera en 1929, et *Trois Guinées* en 1938. Pour l'heure elle fait profil bas. Tout comme Vanessa. Semblables à deux déesses sanglées dans leur robe de satin, les sœurs Stephen s'avancent d'un pas hésitant vers les rivages scintillants de la mondanité. L'accès à ce monde qui attirera tellement Virginia dépend entièrement du bon vouloir de George. À la fin de la soirée, il s'estime en droit de réclamer son dû.

Que ce soit dans la correspondance de Vanessa ou dans les écrits autobiographiques de Virginia, les deux sœurs s'accordent toujours pour donner de leur demi-frère l'image d'un homme stupide et lubrique. Et ce d'autant plus sans doute que l'ensemble de leurs relations voit en lui un homme providentiel. Du temps de St. Ives, les filles Stephen portaient pourtant un tout autre regard sur ce demi-frère plus âgé qu'elles. À cette époque la légende familiale voulait qu'il ait un vif succès auprès des comtesses italiennes et des horlogers des quartiers pauvres. Pour les deux sœurs, George fut d'abord ce héros qui leur apprenait à jouer au cricket et jetait un œil distrait sur leurs devoirs de classe. Après le décès de Julia, il commença à s'imposer en tant que tuteur officieux des filles Stephen. À la mort de Stella, la démission progressive de Leslie le conduisit tout naturellement à prendre en charge la direction des affaires de la famille. Ceux qui disent de lui d'un air admiratif qu'il est tout à la fois le père, la mère, la sœur et le frère de ces pauvres petites Stephen oublient un détail : il en est aussi l'amant. Autant les attouchements de Gerald pendant l'enfance restent sujet à caution, autant les relations de George avec ses deux demi-sœurs ont le triste mérite d'être claires. Dans *22 Hyde Park Gate,* récit autobiographique écrit dans les années vingt, Virginia Woolf raconte par le menu son initiation à la vie mondaine sous la houlette de George. Celui qu'elle décrit généralement comme un être que « la nature avait doté d'une forte vigueur animale mais avait négligé de l'équiper d'un cerveau » remarque vite le complexe d'infériorité de Virginia vis-à-vis de sa sœur et va l'utiliser. S'il entraîne d'abord l'aînée dans ses soirées de gala, il prend vite peur lorsqu'il s'aperçoit qu'elle pourrait raconter ce qu'il lui fait subir une fois rentrés à Hyde Park Gate. Un matin, tandis que Virginia travaille à déchiffrer son grec, George, qu'elle n'a pas vu au petit déjeuner, fait irruption dans sa chambre. Il lui offre un bijou mais la jeune fille sent bien qu'il est monté pour tout autre chose. Quand il commence à lui raconter, comme chaque jour, la soirée de la veille, elle devine à son trouble qu'elle n'a pas dû se dérouler exactement selon ses vœux. D'ailleurs il demande à Virginia de l'accompagner lors de la prochaine réception, prétextant que la compagnie de Vanessa devient assommante. Elle ne saurait ni parler ni se conduire convenablement en public. Quelle aubaine pour Virginia que de pouvoir prouver une fois dans son existence qu'elle peut mieux faire que sa sœur ! La tête lui tourne un peu. Le rouge lui monte aux joues. Oui, elle ira, même si elle déteste cet homme suintant et bafouillant qui finit par avouer à demi-mot sa faute. Virginia la retranscrira bien des années plus tard dans *22 Hyde Park Gate* : « Il ne faudrait pas qu'on dise qu'il l'avait jamais obligée à faire ce qu'elle ne voulait pas faire. » Virginia comprend-elle vraiment sur le moment ce à quoi George fait alors allusion ? Comme bon nombre de jeunes filles à l'époque elle est fort ignorante en matière de sexe. Toujours est-il qu'à son tour elle suivra George Duckworth.

Pour Virginia Stephen les années 1900 sont celles des débuts dans le monde. À dix-huit ans elle va enfin pouvoir s'évader du salon de Hyde Park Gate et faire son entrée dans la haute société. Être une ravissante jeune fille est un avantage. Mais Virginia à cette époque n'est pas sûre de son fait. Avoir des choses à dire en est un autre. Mais toute la question est de savoir comment les dire. Comme Rachel dans *La Traversée des apparences,* Virginia Stephen est une jeune fille émotive qui se trouble dès qu'il s'agit de prendre la parole en public. Bref, les débuts sont difficiles. La jeune fille commet impair sur impair. Son demi-frère lui en fait le reproche. Il la rappelle sans cesse à l'ordre, lui intimant de ne pas dire ceci, de ne pas faire cela, de se tenir droite, d'arranger sa coiffure, autant de délicatesses ne pouvant que mettre à l'aise une jeune fille qui manque déjà de confiance en elle. Lorsque Virginia se lance, c'est avec l'audace des timides : elle n'hésite pas à s'engager dans une longue diatribe sur un de ces auteurs grecs qu'elle affectionne tandis qu'à l'autre bout de la table George cramoisi lui signifie qu'elle en fait trop. Ce que l'on demande à une jeune fille du début du XXe siècle, c'est de savoir relancer agréablement la conversation, pas d'avoir des idées. Mais il y a pire encore : les soirées dansantes. Virginia racontera dans *Une esquisse du passé* le profond sentiment d'humiliation qu'elle éprouvait alors à faire tapisserie. « Peut-être étais-je trop jeune. Peut-être étais-je mal adaptée », se demandera-t-elle plus tard en revoyant la ravissante jeune fille empruntée qu'elle était. Ses débuts auraient pu la dégoûter à jamais de la vie mondaine. Or, curieusement, elle entrevoit lors de ces premières soirées l'ivresse qu'elle recherchera toute sa vie dans ces lieux chargés de parfums mêlés, d'étoffes bruissantes et de rires en cascade. Ni le regard de George ni sa propre maladresse ne parviennent à empêcher qu'elle goûte ce soir-là un plaisir particulier. Plus tard dans la nuit, allongée dans son petit lit, les yeux grands ouverts, elle se repasse indéfiniment le film de cette soirée qui, si elle n'a pas été parfaite, lui a pourtant laissé un goût délicieux de fruit interdit. Une ambiguïté qu'elle ressentira tout au long de son existence. La vie mondaine pour Virginia Woolf sera toujours aussi attirante qu'effrayante. Comme un plaisir auquel on se doit de résister. Attirante par toutes les sensations excitantes qu'elle promet. Effrayante parce qu'elle l'éloigne de l'essentiel, l'écriture. Le rapport de Virginia Woolf à la mondanité est toujours vécu sous la forme d'un dilemme. Céder ou ne pas céder aux sirènes de la vie sociale. Quand elle s'amuse, Virginia Woolf a le sentiment de perdre un temps précieux qu'elle ferait mieux de consacrer à l'écriture. Quand elle écrit dans sa retraite de Monk's House à Rodmell, elle aimerait tant pouvoir partir quelques jours à Londres se divertir un peu. Virginia est toujours partagée entre deux désirs qu'elle imagine contradictoires. Entre deux lieux qui sont aussi une manière de mettre la tentation à distance. En choisissant de partager son temps entre deux maisons, elle reproduit certes le schéma de l'enfance mais surtout elle se préserve de Londres et de ses mirages. Les pages de son Journal qui sont consacrées à la capitale disent assez quel pouvoir d'attraction cette ville exerce sur elle :

Je sais qu'au premier aperçu d'une fente de lumière dans le hall et au brouhaha des voix je serai aussitôt enivrée et déciderai que rien dans la vie n'est comparable à une soirée. Je verrai des gens magnifiques et j'aurai l'impression d'être sur la plus haute vague — au centre et en plein déroulement des choses.

Ce qu'elle touche du doigt — même maladroitement —, lors de ces premières sorties, chaperonnée par son demi-frère, c'est cette extase-là. Cette excitation que ses proches estiment dangereuse pour ses nerfs fragiles mais qui lui donne furieusement le sentiment de vivre. Dans *Mrs Dalloway*, roman londonien par excellence que Virginia Woolf écrira à l'âge de quarante ans, elle s'offrira le luxe de résoudre cette contradiction. Privilège de la littérature que de permettre aux différentes facettes qui composent un être humain de s'exprimer. Sur la page blanche, elle peut à la fois être Clarissa dans son besoin effréné de mondanités mais aussi ceux qui la jugent, estimant qu'elle perd sa vie en futilités. Seule dans sa chambre Virginia songe que demain il lui faudra reprendre le dictionnaire de grec et feindre que la vie poursuit son cours alors qu'elle a le sentiment d'en avoir plus appris en une soirée que lors des dix dernières années. Dans *22 Hyde Park Gate,* Virginia Woolf décrira avec volupté les sentiments grisants qu'elle découvrait alors sans cacher pour autant la répulsion que lui inspirait son demi-frère. Pour elle comme pour sa sœur, l'apprentissage du grand monde allait de pair avec celui de la sexualité. Une initiation qui ne manquera pas d'avoir des conséquences désastreuses sur sa vie de femme.

Nul doute que les viols à répétition que George fait alors subir à chacune des sœurs Stephen n'aient contribué à ébranler un peu plus encore la santé mentale déjà fragile de la cadette. Thoby, qui est alors étudiant en première année, préfère fermer les yeux sur les agissements douteux de l'aîné des fils

Duckworth. Leslie de son côté semble définitivement coupé des réalités. Quant à dénoncer leur
demi-frère en un siècle aussi puritain, c'est une
chose tout bonnement impensable. Les sœurs
Stephen supportent donc les assauts répétés de
George. Tout comme elles supportent la tyrannie
domestique de leur père. Si les retours de soirée
constituent un moment redouté pour l'une comme
pour l'autre, elles attendent le milieu de la semaine
avec appréhension. Chez les Stephen, le mercredi
est le jour des comptes. C'est Vanessa, tremblante,
suivie de sa sœur, qui remet rituellement à leur père
le cahier où sont consignées toutes les dépenses de
la semaine. Lorsque Leslie chausse ses lunettes, il
est généralement déjà contrarié. Si les dépenses
excèdent dix livres, ce qui est souvent le cas, les
filles Stephen ont la certitude de passer un déjeuner à la torture. Mais avant il leur faut endurer une
de ces scènes dont leur père a le secret. Habituées
à ses déchaînements de colère, elles sont sûres
d'être comme chaque semaine les coupables toutes
trouvées de sa ruine imminente. Elles restent de
marbre, laissant passer le flot d'injures, sachant
déjà qu'il sera suivi d'un torrent de larmes. « Le
vieux barbu », selon l'expression favorite de Virginia, n'a que peu de variantes à son numéro. Il a
toujours été préoccupé par les questions d'argent
mais, depuis la mort de sa femme, son irascibilité
semble s'être focalisée sur ce point précis. Virginia
gardera de ces scènes un souvenir cuisant et une
rancune tenace. Dans *Une esquisse du passé,* elle
s'étonnera, vu sa radinerie, qu'il ait consenti à

emmener chaque été pendant des années femme, enfants et domestiques dans les Cornouailles. Par la suite, elle lui reprochera pour les mêmes raisons d'avoir financé uniquement les études des garçons de la famille. Une inégalité qu'elle juge inadmissible. Pour celle qui a souffert d'être tenue à l'écart des arcanes du savoir, l'accès à une certaine indépendance financière sera toujours une condition sine qua non à l'accomplissement personnel. Tant que les femmes seront économiquement dépendantes des hommes, elles le seront également spirituellement, écrira-t-elle en substance dans *Une chambre à soi*. Alors qu'elle n'a que vingt ans elle sait déjà que pour mener à bien ses projets il lui faudra du temps, de l'argent et une chambre à elle. Virginia, qui ne bénéficie que d'une maigre rente, va donc tout mettre en œuvre pour gagner quelques shillings par elle-même. Ses premiers revenus lui viendront du journalisme littéraire. Elle en tirera un grand motif de fierté :

Ai découvert ce matin sur mon assiette mon premier versement d'honoraires — 2 livres 7 shillings 6 pence — pour mes articles parus dans *The Guardian,* ce qui m'a fait grandement plaisir.

Jusqu'en 1928 cette activité lui rapportera plus que ses romans. Par la suite, le succès aidant, la tendance s'inversera. À la fin des années vingt, bien qu'au sommet de sa gloire, Virginia continuera pourtant de collaborer à différents journaux. La première raison est bien sûr d'ordre intellectuel :

elle aime la fréquentation des autres auteurs et l'émulation intellectuelle qui consiste à rendre compte de leurs travaux. La seconde est d'ordre psychologique : si elle n'a plus objectivement besoin de cet argent pour vivre, il la sécurise. Les scènes répétées de son père dont elle a souffert en silence ont eu pour conséquence de lui transmettre sa hantise du manque d'argent. Dans son Journal, elle ne cache pas que dépenser est toujours pour elle une source de culpabilité. Consciente de ce travers légué par Leslie, elle essaie de passer outre. Chez elle il y a toujours une grande fierté à gagner sa vie et une grande difficulté à dépenser ce qu'elle a gagné. En 1929, grâce à l'argent que lui a rapporté *Orlando,* elle se félicite avec une joie tout enfantine de la baignoire et du ballon d'eau chaude qu'elle va enfin pouvoir acheter pour la salle de bains de sa maison de Rodmell. Mais quelques mois plus tard, tandis qu'elle s'attelle à son prochain roman, elle se fait fort de constater dans son Journal que quand sa plume court avec aisance sur la page blanche elle n'a plus besoin ni de robe ni de buffet. Une fois encore l'écriture apparaît comme le remède à tous les maux. Non seulement en écrivant elle gagne de l'argent, mais en plus elle évite d'en dépenser ! L'argent, ce nerf de la guerre, sera toujours au cœur de ses préoccupations. On a souvent l'image d'une femme évanescente bien au-dessus des questions matérielles. À tort. L'argent occupe une place essentielle tant dans sa vie que dans son œuvre. Entre le père avec son obsession des comptes et la supériorité financière du demi-frère dont elle dépend, l'on comprend mieux que Virginia Woolf ait inscrit la problématique de l'argent au cœur d'*Une chambre à soi*. Pour pouvoir créer, une femme doit impérativement disposer d'une chambre à soi et d'une rente.

Pour l'heure les sœurs Stephen n'ont pas d'autre possibilité que d'accepter le sort qui leur est réservé. Pour Virginia il existe un fossé entre les enfants Stephen d'un côté et Leslie, George et Gerald de l'autre. Autant les premiers lui semblent représentatifs de ce début de XXᵉ siècle, autant les seconds incarnent à ses yeux ce que l'ère victorienne symbolise de plus rétrograde. C'est donc tout naturellement que les sœurs Stephen vont être amenées à former ce que Virginia appellera plus tard « une coalition étroite ». Si Stella acceptait de bonne grâce son asservissement complet au patriarche, Vanessa va lui donner du fil à retordre. À sa manière. Jamais de front. Mais en bataillant de façon systématique pour obtenir « ce qui est toujours contrecarré, bâillonné, arraché ». Dans cette lutte quotidienne son meilleur allié, c'est sa sœur. Sous une apparence douce, voire effacée, Vanessa et Virginia cachent des tempéraments de guerrières. C'est à l'étage du 22 Hyde Park Gate qu'elles vont fomenter leur révolte et installer une poche de résistance sur laquelle les mâles victoriens n'auront pas de prise. Là, les deux sœurs vont rêver, peindre, lire et écrire. Autant d'activités sans lesquelles la vie ne vaut pas d'être vécue. En bas elles remplissent les tâches ordinairement dévolues à deux jeunes filles de la bourgeoisie traditionnelle : pourvoir à la préparation des repas, servir le thé et autres joyeusetés du même ordre. Plus tard, Virginia s'interrogera sur la singularité de cette vie scindée en deux.

En bas elle était purement conventionnelle ; en haut purement intellectuelle. Mais il n'y avait aucune connexion entre les deux.

Et ce pour une raison bien simple. Autant l'enfance de Virginia fut baignée d'influences nombreuses et variées, autant son adolescence ressemble à un désert. Du temps de St. Ives et du vivant de Julia, les Stephen avaient une vie sociale très active et recevaient tout ce que Londres comptait de sommités. Julia, à la manière de Clarissa Dalloway, aimait recevoir. Leslie de son côté était un auteur aussi influent que respecté qui avait gardé de nombreuses relations parmi ses anciens camarades de Cambridge. L'avis de l'éminent critique et biographe était souvent sollicité. À sa table il était donc fréquent de retrouver de grands écrivains comme Hardy, Meredith et James mais aussi de simples relations littéraires telles que John Morley ou Frederic Maitland. Pour Virginia enfant, Meredith était le plus original de la bande. Influencée par l'admiration que ses parents vouaient au grand homme, la petite Ginia, elle, s'enthousiasmait surtout pour cette façon si originale qu'il avait de laisser tomber ses rondelles de citron dans son thé ! Henry James l'impressionnait pour de tout autres raisons. Sa réserve, l'hésitation de sa voix, tout trahissait à ses yeux le grand homme. Parmi les intimes il y avait Charles Norton et James Russell Lowell, qui était le parrain spirituel de Virginia. C'est dans cette atmosphère qui tenait du dernier salon littéraire que se déroula l'enfance intellectuellement féconde des sœurs Stephen. À la mort de Julia, Leslie se replia considérablement sur lui-même et se coupa peu à peu de toute vie sociale. Dans les années 1900 l'atmosphère est donc radicalement différente. Thoby passe le plus clair de son temps à Clifton pour ses études. Plus personne ne vient au 22 Hyde Park Gate hormis quelques vieilles tantes sans intérêt. Les seules discussions auxquelles Virginia et Vanessa peuvent faire mine de s'intéresser sont celles de George et Gerald au sujet du ministère des Postes. Autant dire que leur horizon intellectuel s'est considérablement rétréci ! Raison de plus pour faire front. Privées des deux femmes qu'elles chérissaient, les sœurs Stephen vont apprendre à se suffire à elles-mêmes dans un monde d'hommes. Tout n'est qu'une question d'organisation et de priorité. L'une et l'autre savent qu'elles ne peuvent déroger aux obligations domestiques. Qu'à cela ne tienne, elles vont profiter des moments volés pour s'entretenir de leur art respectif et imaginer ce que sera leur vie future. Pour elles, ainsi que l'écrira plus tard Virginia, « la seule chose qui compte en ce monde, c'est la musique, les livres et un ou deux tableaux ». En cela elles se distinguent largement des jeunes filles de leur temps dont la grande préoccupation est la recherche de l'âme sœur.

Pour Virginia le mariage est loin d'être une fin en soi. Ce qu'elle veut avant tout, comme sa sœur, c'est « trouver sa place ». Bien des années plus tard Virginia écrira cette phrase révélatrice de son sentiment d'isolement à l'époque : « La bonne société était une machine très compétente. Elle était convaincue que les jeunes filles doivent se transformer en femmes mariées. Elle n'avait aucun doute, aucune pitié, aucune compréhension d'autres aspirations ; ni d'autres dons. Rien n'était pris au sérieux. » À elles deux les sœurs Stephen vont recréer en miniature un univers conforme à leurs aspirations au sein de cette vaste maisonnée où tout leur paraît étranger. Ce qui compte désormais c'est ce qu'elles veulent faire plus tard. Et la manière d'y parvenir. Dans cette croisade dont les premiers jalons furent posés sous la table de St. Ives tandis qu'elles n'étaient encore que deux petites filles, elles seront toujours solidaires.

Le véritable obstacle durant ces années de formation, c'est le père. En tout cas c'est ce que pense Virginia. Et son récit autobiographique révèle que les sentiments que lui inspire cet homme complexe et taciturne n'ont guère évolué avec le temps. L'image qu'elle se plaît à donner de Leslie Stephen est celle d'un patriarche despotique faisant régner la terreur au 22 Hyde Park Gate. Ce qu'il fut assurément à dater de la mort de sa femme. Et plus encore après celle de sa belle-fille Stella. Quand elle se remémore cette époque Virginia Woolf reste confondue par tant de dureté :

Maintenant encore je ne trouve rien à dire du comportement de mon père sinon que c'était un comportement brutal. Si au lieu de paroles, il s'était servi d'un fouet, la brutalité n'eût pas été pire.

Il faut dire à sa décharge que Leslie Stephen est un homme brisé par le chagrin qui ne parvient pas à se remettre de deux deuils successifs. Coupé du monde par une surdité qui n'a cessé d'augmenter à partir de sa soixantième année, il devient de plus en plus taciturne. Pour Virginia qui souffre tout autant que lui de la disparition de sa demi-sœur et de sa mère, ces circonstances atténuantes n'ont pourtant pas lieu d'être. D'ailleurs, elle n'est pas loin de penser qu'il est en partie responsable de ce qui s'est passé. Pour elle, Leslie est l'incarnation même de la domination masculine. Le victorien type pour lequel elle nourrit une aversion sans nom. Une sorte de Barbe-Bleue, entouré de femmes qui à son contact s'étiolent et finissent par mourir. Virginia a la certitude que sa mère est morte d'épuisement. Pour Stella, elle est moins catégorique mais la manière dont elle retranscrit les faits ne laisse guère planer de doute sur ses sentiments. Stella est morte quelques mois après son mariage avec Jack Hills. Comme si elle n'avait pas le droit de construire sa vie loin de ce beau-père qui lui a nettement fait comprendre que sans elle il lui serait impossible de continuer. Il vivra pourtant jusqu'à l'âge de soixante-douze ans tandis que Stella mourra alors qu'elle allait être maman. Le portrait de Leslie Stephen que l'on peut lire dans *Une esquisse du passé* est celui d'un homme vieillissant dépeint sous le coup d'une colère qui quarante ans après continue encore d'animer Virginia. Mettant volontiers en avant l'autoritarisme et la violence de son père, la romancière passe en revanche plus rapidement sur ses qualités intellectuelles et son désir de transmission. Certes, Virginia n'a pas pu comme ses frères bénéficier d'un enseignement universitaire mais elle a, à domicile, un père qui lui prête ses livres, oriente ses lectures, et à qui elle peut faire part de ses réflexions. Fondant tous ses espoirs sur Thoby, Leslie ne néglige pas pour autant les prédispositions littéraires de sa fille. Contrairement à l'image qu'elle a bien voulu donner de lui, il paraît veiller dans l'ombre à sa vocation. Pour cet homme de lettres issu d'une famille d'intellectuels, avoir une fille qui semble prendre sa suite ne peut être qu'un motif de fierté. Pourtant Virginia, toujours partiale à son sujet, préfère retenir que son éducation la condamne à demeurer « inculte ». Certes, Leslie Stephen a financé les études de ses fils en oubliant celles de ses filles. Mais ce traitement discriminatoire n'a rien que de très ordinaire à l'époque. Pourtant Virginia choisit d'invoquer au sujet de cette différence de traitement la radinerie légendaire de son père. Elle a raison et elle a tort. Si ses reproches sont fondés, ils sont généralement excessifs. Dès qu'il est question de son père, Virginia Woolf perd le sens de la mesure. Autant elle est dans l'obligation de se contrôler face à lui, autant ses témoignages sont marqués du sceau de la colère et du reproche. Virginia Woolf est une révolutionnaire

dans l'âme, alors que son père a plutôt un tempérament conservateur. Si elle est entièrement tournée
vers l'avenir, depuis la mort de sa femme Leslie ne
regarde plus que vers le passé. À première vue le
père et la fille ne sont pas faits pour s'entendre. Et
pourtant, c'est vraisemblablement parce qu'elle lui
ressemble trop que Virginia est si virulente avec son
père. Comme lui, elle est insomniaque et doit composer avec une extrême sensibilité qui la rend souvent irritable. Il a de nombreux troubles nerveux,
elle sera soignée toute sa vie pour ses nerfs fragiles.
Il est pessimiste et taciturne. Elle est angoissée et
dépressive. Comme lui, elle embrassera une carrière
littéraire. Comme lui, elle fera preuve d'une capacité de travail absolument stupéfiante. Si Leslie Stephen consacre toute sa vie au travail, sa fille, elle,
fera de l'écriture une véritable religion. Il s'est ruiné
la santé en passant des nuits entières sur les nombreuses entrées du *Dictionnaire biographique*. Il lui
faudra des semaines pour se remettre de l'état
d'épuisement dans lequel l'écriture de chaque nouveau livre la plonge. Tel père, telle fille : voilà précisément ce qui déplaît à Virginia. Ce qui rend leur
relation si complexe aussi. À la période si cruciale
de l'adolescence où la personnalité finit de se constituer, elle a chaque jour sous les yeux un homme
intraitable à qui elle ne veut surtout pas ressembler
et à qui elle ressemble pourtant comme deux
gouttes d'eau. Voilà sans doute pourquoi elle met
tant d'opiniâtreté à le peindre sous des couleurs si
noires. Virginia, parce qu'elle s'est construite en
opposition à son père, persistera toute sa vie à

l'envisager sous l'angle réducteur mais salutaire du prototype victorien. Leslie ainsi clairement désigné comme force d'oppression, sa fille se laisse toute latitude pour mener à bien sa révolte. Ainsi Virginia Stephen deviendra Virginia Woolf contre son père. Dans son esprit, écrire des livres ne pouvait se faire qu'en parvenant à se libérer de son emprise. Bien des années plus tard, le 28 novembre 1928, elle écrira dans son Journal cette phrase qui résume bien l'impossibilité de leur relation :

> Anniversaire de Père. Il aurait eu quatre-vingt-seize ans aujourd'hui, quatre-vingt-seize ans comme d'autres personnes que l'on a connues. Mais Dieu merci il ne les a pas eus. Sa vie aurait absorbé toute la mienne. Que serait-il arrivé ? Je n'aurais rien écrit, pas un seul livre. Inconcevable.

Pendant des années l'image du père et la lutte à mener contre lui envahissent tout le champ. Ce n'est donc pas un hasard si Virginia Woolf ne s'autorise à entrer en littérature qu'après sa mort. Quand elle publie son premier roman intitulé *La Traversée des apparences*, elle a déjà trente-trois ans. L'image que l'on a de ce personnage ombrageux est celle d'un homme au visage dur et émacié :

> De petits yeux myosotis, d'épais sourcils, (...) très grand, maigre et voûté, sa longue barbe cachait sa petite cravate rabougrie, son menton était un peu fuyant et sa bouche que je n'ai jamais vue avait peut-être les lèvres un peu molles mais il avait un grand front haut et renflé et un crâne superbe (...) Il tenait beaucoup du prophète hébreu.

Portrait dont l'ambivalence résume bien les sentiments de Virginia pour ce père qu'elle ne peut s'empêcher d'admirer et de détester. Car en dépit de sa haine du patriarcat elle s'inclinera toujours devant la finesse et l'intelligence de cet érudit passionné par le siècle qui l'a précédé. Alors que lui-même se considérait comme un esprit moyen, Virginia sur le terrain des idées aura toujours à cœur de lui rendre justice et de faire valoir sa compétence. Même si elle n'a pas pour ses œuvres un penchant naturel, elle admire la force et le courage de cet esprit qui contrairement à son époque ne se soucie finalement que peu des apparences. Par la suite, elle fera une étonnante transposition de Leslie Stephen sous les traits de Mr Ramsay dans *La Promenade au phare*. Au départ elle songe même à intituler le livre « Le Vieux », titre qui dit assez sa colère. Dans son Journal, elle note en date du 14 mai 1925 :

> Ce sera assez court. Rien ne manquera au caractère de père. Il y aura aussi mère, St. Ives et l'enfance (...) mais le centre, c'est l'image de père assis dans un bateau, et déclamant : « Nous pérîmes chacun pour soi » tout en aplatissant un maquereau moribond.

Les nombreux travers et les quelques qualités que Virginia impute à son père se retrouveront dans ce personnage d'érudit si soucieux de savoir ce que les autres pensent de lui. Car s'il est encore une chose que le père et la fille ont en commun, c'est une sensibilité aiguë à la critique. Tant et si bien que lorsque Mr Ramsay se ronge les sangs au sujet de l'accueil qui va être réservé à son nouveau livre, il devient difficile de distinguer qui du père ou de la fille a inspiré la scène. Mais la grande différence tient dans leur parcours, lequel est intimement lié à la perception que chacun a de lui-même. Toute sa vie Leslie Stephen sera obnubilé par l'idée qu'il se fait du génie et souffrira par comparaison de n'être jamais qu'« un bon esprit de deuxième catégorie ». L'expression est de lui et revient sous sa plume dans ses nombreux moments de désespoir. Si l'on retrouve dans le Journal de sa fille une même propension à l'auto-dénigrement, elle ne va jamais aussi loin que lui dans son entreprise de démolition. Et ce pour une raison que Virginia ne tarde pas à découvrir : son père a le sentiment d'être un raté. Ses colères mémorables dont chacun fait les frais, il en est en définitive le seul destinataire. Parce qu'il se rêve en génie, Leslie fait payer à tous y compris à lui-même sa profonde insatisfaction. Sa fille n'est pas dupe qui écrit dans son récit autobiographique : « Il était conscient de son échec en tant que philosophe et écrivain. » Sa souffrance, elle la comprend mieux que quiconque, et il n'est pas rare qu'elle éprouve des sentiments analogues. Les Stephen sont difficiles, « si critiques, si exigeants, si fines bouches ». Son père lui a légué, malgré lui, sa hantise de l'échec qui revient comme un leitmotiv dans son Journal : être une ratée, une « has been », une romancière que plus personne ne prendra la peine de lire. Pourtant, là où Leslie

Stephen a le sentiment d'avoir échoué, sa fille, elle, réussira de manière éclatante.

Le 22 février 1904, après de longs mois de souffrances, Leslie Stephen meurt d'un cancer. Contrairement à ce qu'elle fit pour sa mère, Virginia ne racontera pas dans son récit autobiographique le décès de son père. En revanche, elle décrira trente ans plus tard dans *Les Années* l'interminable agonie de Mrs Pargiter qui est vraisemblablement une transposition de celle de Leslie, tout comme ses propres sentiments semblent faire écho à ceux qu'éprouve Eleanor, personnage central de ce roman. Comme souvent Virginia est partagée. Si elle souhaite que la mort mette un terme aux souffrances de son père, elle ne peut se résoudre à vivre sans lui. Pour les enfants Stephen qui s'efforcent de mener depuis la mort de Stella une existence normale, c'est une nouvelle tragédie. Le sort semble s'acharner sur eux avec une constance qui force la commisération de leurs amis. À commencer par Violet Dickinson, plus que jamais présente dans cette épreuve. « Tiens-toi droite ma biquette » furent les derniers mots de Julia à sa fille avant de s'éteindre. Un conseil que Virginia suit à la lettre aussi longtemps que faire se peut pendant toute l'agonie de son père. Pourtant, dans les mois qui suivent le décès, elle s'effondre brutalement. Une fois encore les médecins ne sont pas d'une grande aide. On lui prescrit un régime à base de viande et de lait censé lui rendre un peu de force ainsi que des sédatifs pour la nuit. Mais rien ne peut venir à bout de l'angoisse qui l'étreint et à laquelle elle tente de mettre fin en se jetant par la fenêtre. Dans le courant du mois de mai Vanessa, elle-même très éprouvée, décide de confier sa sœur dont l'état ne cesse d'empirer à Violet Dickinson. Celle-ci emmène d'office sa protégée accompagnée de ses trois infirmières de garde dans sa maison de Welwyn. Amaigrie, assaillie d'hallucinations, violente à l'égard de son entourage, Virginia n'est plus que l'ombre d'elle-même. Au cours de l'été pourtant elle semble aller mieux et décide de partir en vacances en Italie puis à Paris avec Adrian et Vanessa. Une fois sur place cependant, elle ne parvient à prendre aucun repos. Hantée par un profond sentiment de culpabilité à l'égard de son père, ses symptômes resurgissent. Depuis la France elle écrit à son amie Violet, seule figure parentale qui lui reste alors, pour lui dire combien il lui manque. Combien elle regrette de ne pas avoir été capable de l'aider quand il en était encore temps. C'est à cette période que les enfants Stephen envisagent de quitter le 22 Hyde Park Gate. Vanessa profite de l'absence de sa sœur pour se mettre en quête d'un nouveau logement capable de leur faire oublier les malheurs irrémédiablement associés à cette maison sombre au mobilier recouvert de velours rouge. Pour Virginia, ce bâtiment tout en hauteur où elle a vu le jour est un lieu qui semble concentrer toutes les émotions de son existence. Les moments de bonheur mais surtout les moments tragiques. Comme si la mort avait élu domicile au 22 Hyde Park Gate :

> Là ma mère mourut, là mon père mourut ; là Stella se fiança à Jack Hills et deux portes plus bas dans la rue après trois mois de mariage, elle mourut aussi.

Après une enfance et une adolescence si fortement marquées du sceau de la mort, comment s'étonner de la prééminence de ce thème dans l'œuvre de Virginia Woolf ? Pour cette jeune fille encore au seuil de son existence, la vie se caractérise désormais par sa précarité et son extraordinaire fugacité : « Transitoire, passagère, diaphane. » Un sentiment qui ne la quittera plus et ne fera que s'accentuer au fil des années. À dater du décès de son père et plus encore de celui de son frère, Virginia va vivre avec la hantise de voir disparaître ceux qu'elle aime. La mort rôde, pouvant emporter n'importe qui à n'importe quel moment. Elle vient d'en faire l'expérience douloureuse et répétée. Quatre décès en moins de onze ans. Désormais il lui faut vivre avec cette compagne envahissante qui va insuffler son rythme à son œuvre. Dans ses romans la mort est partout. Aussi obsédante que l'eau, elle s'immisce dans les interstices pour finir par tout engloutir. Rares sont ceux de ses livres qui ne se terminent pas par un décès. Le sentiment de l'impermanence des choses qu'elle inscrira au cœur des *Vagues* la hantera tout au long de sa vie, allant jusqu'à lui faire écrire dans son Journal :

> Je suis si souvent troublée par le transitoire de la vie humaine que souvent je murmure un adieu après avoir dîné avec Roger.

Les livres seront pour Virginia une manière de résister au temps qui fait son œuvre. En donnant une représentation de la fuite des heures dans *Mrs Dalloway,* la romancière se pliera à sa loi tout en faisant acte de résistance. Elle fera de même dans *Les Vagues*, mettant en scène six jeunes gens semblables à des ombres « qui se détachent sur le temps et la mer ». S'il est un seul terrain où la partie que Virginia Woolf a engagée contre la mort semble se jouer à parts égales, c'est la littérature. Pourtant là encore Virginia déplore de ne pas pouvoir avoir le dernier mot. La possibilité d'écrire sa propre mort eût été une belle revanche. Hélas, la romancière déplore : « Je ne pourrai pas, une fois n'est pas coutume, *la* décrire. *La*, je veux dire la mort. » Heureusement il y a les livres pour lutter contre l'anéantissement. Écrire est la seule manière de survivre. Cela est si vrai qu'en 1941, lorsqu'elle ne parviendra plus à combattre le sentiment de l'inutilité de l'écriture, Virginia ne trouvera plus qu'un seul recours : mettre fin à ses jours. Dans son Journal elle ne cesse de comptabiliser avec angoisse le temps non pas qu'il lui reste à vivre mais à écrire. En décembre 1925, elle note :

> La mort dont j'ai perpétuellement conscience (...) se rapproche si vite ! (J'ai) quarante-trois ans. Combien de livres encore ?

Pour l'heure Virginia n'en a que vingt-deux et pas un seul livre hormis la perspective de ce premier roman dans lequel sa fascination pour la mort apparaît déjà. Dans *La Traversée des apparences,* Rachel, son héroïne, se laisse sombrer tout comme Virginia en a alors la tentation. Pour ses proches elle est un sujet de préoccupation de plus en plus lourd. Autant sa fragilité pouvait être touchante lorsque le contexte familial était au beau fixe, autant elle devient harassante lorsqu'il faut résoudre tous les problèmes que ne manquent pas de rencontrer les orphelins. Malgré l'héritage légué par Leslie, la question pécuniaire est plus que jamais à l'ordre du jour. Avec quinze mille livres de rente chacun les enfants Stephen se voient dans l'obligation de penser à assurer quelques rentrées d'argent. C'est donc clairement à la mort du père que le statut de Virginia évolue. Désormais, lorsque Vanessa s'entretient du cas de « la Chèvre » avec Violet Dickinson, son seuil de tolérance vis-à-vis de sa sœur est très vite atteint. Virginia pose problème. On ne parle plus d'elle qu'en fonction de son état mental. Elle est considérée comme une malade avec tout ce que cela comporte de contraintes et de désagréments. Ce que Quentin Bell dira de sa tante à cette période de sa vie est révélateur. Pour ce biographe qui a si bien connu son modèle, il ne fait aucun doute : « Pendant tout cet été elle fut folle. » Un diagnostic manquant singulièrement d'empathie mais qui a l'avantage de résumer clairement ce que son entourage pense alors de Virginia. En réalité l'été 1904 ne correspond ni plus ni moins qu'à une recrudescence des symptômes que le décès du père suffit à expliquer. Quant aux hallucinations dont la romancière fera elle-même état dans *Hyde*

Park Gate, elles remontent au décès de sa mère. Dans l'histoire personnelle de cette jeune femme fragile le décès de Leslie Stephen ne constitue jamais qu'un pic dépressif parmi tant d'autres. Il y eut un premier effondrement en 1895, un deuxième en 1904, il y en aura un troisième en 1913 et bien d'autres encore. À dater du décès de sa mère le paysage mental de Virginia suit une courbe sinusoïdale qui est fonction des différents bouleversements de sa vie. Vouloir dater le début de cette maladie maniaco-dépressive semble illusoire. Il s'agit d'un état chronique faisant alterner des phases d'euphorie ou de dépression avec lequel Virginia devra composer toute sa vie sans qu'aucun médecin ne parvienne à la soulager. Aussi ce que son premier biographe isole comme un fait notable — sa prétendue folie de l'été 1904 — doit être replacé dans un contexte qui, sans minimiser la gravité de son état, conduit à s'interroger sur le pourquoi d'une telle mise en valeur.

À la mort des parents, c'est Vanessa en tant qu'aînée qui a la charge symbolique de la fratrie. La jeune femme n'a alors que vingt-cinq ans. Si Virginia a des sentiments très mitigés à l'égard du mariage, sa sœur entend trouver un homme avec qui partager sa vie. À la mort de Stella, déjà, Jack Hills désespéré avait trouvé quelque réconfort auprès de sa belle-sœur Vanessa. Virginia, n'ayant pas immédiatement décelé ce qui se tramait sous ses yeux, déployait de son côté des trésors d'inventivité pour sortir le jeune veuf de son marasme.

Au fil des jours elle fut obligée de constater qu'une fois encore on lui préférait sa sœur. L'histoire menaçait de faire grand bruit. Vanessa flirtait bel et bien avec son ex-beau-frère, ce qui dans cette Angleterre hypocrite et pudibonde paraissait hautement répréhensible. Pour George Duckworth, parangon des valeurs de son siècle, la chose était tout simplement inenvisageable. Il demanda donc à Virginia d'intervenir auprès de Vanessa afin de rétablir un semblant de morale. En réalité il souhaitait surtout continuer à garder le contrôle de la situation. Leslie en revanche se montra beaucoup plus ouvert et affirma que sa fille ferait exactement ce qu'elle voudrait. En cette période d'étroite collaboration Vanessa et Virginia furent toujours d'accord sur tout hormis sur un point : Jack Hills.

En 1904, si les sœurs Stephen n'ont qu'un seul but qui est de trouver une place dans le monde, Vanessa ne néglige pas pour autant la perspective d'en trouver une dans le cœur d'un homme. Pour la jeune femme qui a bien l'intention de réussir sa vie professionnelle et sentimentale, Virginia devient à n'en pas douter un fardeau. Alors que les deux sœurs passaient le plus clair de leur temps à échafauder des plans pour l'avenir, Vanessa va profiter du nouvel épisode dépressif de sa sœur pour la mettre sensiblement à l'écart. À dater de la mort de Leslie Stephen, la santé fragile de Virginia devient un prétexte facile que chacun utilise à sa guise. Après son séjour de trois mois chez Violet Dickinson, Vanessa envoie sa sœur en convalescence chez sa tante à Cambridge, puis chez les Vaughan dans le Yorkshire. « La Chèvre » devient encombrante. Elle demande une attention permanente. On se débarrasse d'elle à la première occasion. Le 10 septembre 1904, les enfants Stephen se rendent au mariage de leur demi-frère George Duckworth. Virginia trop affaiblie ne fait pas partie du voyage.

L'été 1904 est celui d'une grave dépression, mais correspond aussi à une période de profond changement dont Virginia tout à son désarroi ne peut encore mesurer l'ampleur. Finies les récriminations injustifiées de Leslie. Finies aussi les soirées obligatoires dont on ne sait que trop comment elles se terminent. Le mariage de son demi-frère signifie qu'il va enfin quitter la maison familiale. L'ère de la dictature conjuguée est révolue. Si Virginia se réjouit du départ de George, ses sentiments filiaux sont nettement plus complexes. D'un côté elle se sent libérée de cette entrave quotidienne contre laquelle elle n'a cessé de s'ériger depuis des années, de l'autre elle déplore de ne pas avoir été capable de comprendre et d'aimer son père. En disparaissant Leslie Stephen la met face à ses propres contradictions. Il lui faudra des années pour arriver à démêler un tant soit peu l'écheveau de sentiments dont la complexité n'est vraisemblablement pas étrangère à la recrudescence de ses symptômes. Dans la relation tumultueuse de Virginia à son père, 1924 est une date clé : la romancière entame la rédaction d'un livre avec le projet d'en faire le personnage principal. Dans ce roman, qu'elle intitulera *La Promenade au phare,* elle a la ferme intention d'« analyser les émotions plus à fond ». Une manière personnelle de se débarrasser des sentiments qui la freinent depuis trop longtemps. Comme elle le confie à son Journal, le décès de son père n'a pas interrompu le monologue enragé qu'elle continue de lui adresser depuis des années. Mais, à quarante-deux ans, Virginia Woolf peut enfin s'attaquer au monstre de son enfance et espérer le terrasser : « Maintenant, note-t-elle dans son Journal, je peux enfin affronter impunément des conflits d'émotions qui m'auraient écorchée vive il y a deux ans. » Comme souvent chez Virginia la littérature a des vertus thérapeutiques. En mettant enfin ses parents dans un livre la romancière a conscience d'avoir accompli sur la page blanche un travail de type psychanalytique. Si Leslie Stephen meurt en 1904, la véritable libération de Virginia Woolf a effectivement lieu quelque vingt ans plus tard au moment de la publication de ce roman qui rencontre aussitôt un immense succès. Des années plus tard, elle notera elle-même les effets bénéfiques de cette entreprise littéraire : « Autrefois, je pensais chaque jour à lui, à Mère, mais *La Promenade au phare* les a ensevelis dans mon esprit », écrira-t-elle dans son Journal pour aussitôt corriger : « Il serait plus exact de dire qu'ils m'obsédaient l'un et l'autre, d'une façon malsaine, et que d'écrire sur eux fut un acte nécessaire. »

Pour l'heure Virginia peine considérablement à concilier l'inconciliable : le chagrin et le soulagement mêlés. En l'espace de quelques mois la jeune femme, qui semble inconsciemment s'être réfugiée dans la maladie pour éviter une réalité devenue trop difficile à supporter, se retrouve confrontée à une situation inédite. Celle qui souffrait tant d'être asservie au règne des mâles dominants du 22 Hyde Park Gate est soudain libérée du joug de son père mais aussi de celui de son demi-frère. Certes Virginia Stephen est seule. Un sentiment qui l'anéantit. « De nouveau je subis cette tristesse sans remède ; cet écroulement que j'ai déjà décrit ; comme si j'étais passive sous un coup de massue, exposée à une avalanche de significations, qui s'étaient accumulées et se déversaient sur moi que rien ne protégeait, qui n'avais rien pour parer le coup. » Pourtant une fois encore Virginia ne va pas tarder à se relever et à mesurer les avantages de sa toute nouvelle liberté.

À la fin de l'été, d'un seul coup d'un seul l'horizon s'éclaircit. Virginia va mieux et pour la première fois elle note avec une certitude éclatante : « Je sais que je peux écrire. » Une nouvelle ère s'ouvre à elle comme une page blanche qu'elle va enfin s'autoriser à remplir. Le décès de son père et l'éloignement de son demi-frère semblent avoir agi comme un catalyseur. Peu à peu elle se découvre une énergie et un courage jusqu'alors insoupçonnés. Comme si toutes ses forces jusque-là employées pour lutter contre la tyrannie quotidienne trouvaient enfin d'autres lieux où s'exprimer. Dans le courant de l'année elle commence par publier son premier article payé dans *The Guardian*, quotidien catholique et conservateur. Sa critique du roman de William Dean Howells, *The Son of Royal Lang-brith,* est appréciée et les commandes affluent. Virginia prend un plaisir si vif à cette activité qu'en 1905 elle en écrit plus de trente. Confortée dans ses capacités, elle envisage aussi d'enseigner. Un projet qu'elle met en œuvre dès l'année suivante au Morley College où elle va régulièrement donner des conférences aux ouvriers désireux de poursuivre leur instruction. Elle prend cette mission d'autant plus à cœur qu'elle a décidé de faire découvrir à ses élèves ce qui l'intéresse plus que tout : l'histoire de la littérature anglaise. Vanessa s'inquiète d'un tel regain d'activités qu'elle estime dangereux pour sa sœur. Virginia, elle, semble renaître à la vie. Le contraste avec l'époque sombre et morbide de Hyde Park Gate est saisissant. Pendant sa convalescence forcée chez les différents amis de la famille, Vanessa en a profité pour partir à la recherche d'une nouvelle maison. À partir d'octobre 1904, les enfants Stephen emménagent au 46 Gordon Square. Virginia ne les rejoindra que trois mois plus tard, ayant évité le spectacle toujours insoutenable pour elle d'une maison que l'on vide de ses meubles. Pour cette jeune femme qui appréhende tant les changements, la nouvelle adresse est d'emblée porteuse d'espoir. Après « les sept années malheureuses », les enfants Stephen veulent croire à une nouvelle ère inscrite cette fois sous le signe du bonheur. Tout semble à première vue de bon augure. À commencer par le quartier. Au grand dam des anciens amis de leurs parents, les enfants Stephen quittent le quartier bourgeois de Kensington pour la bohème de Bloomsbury. Une manière symbolique de laisser derrière eux la triste époque victorienne et son cortège de malheurs pour se tourner vers une vie résolument nouvelle. Violet Dickinson, qui s'inquiète toujours beaucoup pour sa petite protégée, voit d'un très mauvais œil ce changement de quartier. Henry James lui-même ne cautionne pas un choix que son ami Leslie Stephen n'aurait pas manqué de réprouver. Vanessa, Virginia, Thoby et Adrian n'en ont cure. Pour la première fois de leur vie ils sont libres de faire ce qui leur plaît. Autant Hyde Park Gate était une maison austère et sombre, autant Gordon Square se caractérise par une impression d'espace et de lumière. Pour Virginia la maison de Kensington était associée à un sentiment d'oppression qui tenait sans doute moins à la taille des pièces qu'à la persistance du malheur. Gordon Square en comparaison ressemble à une promesse de bonheur. Et c'est avec une joie enfantine et communicative que Virginia décrit son nouveau cadre de vie comme « le plus bel endroit du monde, le plus enthousiasmant, le plus romantique ». Son euphorie va jusqu'à lui faire affirmer avec une mauvaise foi délicieuse que c'est dans ce cadre qu'elle découvre pour la première fois les tableaux de Watts et les porcelaines bleues que l'obscurité de Hyde Park Gate soustrayait aux regards ! Tout à la joie de l'emménagement les sœurs Stephen n'ont qu'une devise : faire que la maison de Gordon Square soit aussi différente que possible de celle de Hyde Park Gate. Un vent de renouveau et de liberté flotte dans l'air. D'un commun accord Vanessa et Virginia décident de renoncer au papier peint Morris et de peindre elles-mêmes les murs. La révolution menée en secret pendant des années à l'étage du 22 Hyde Park Gate éclate enfin au grand jour. Les sœurs Stephen libérées de toute tutelle rivalisent d'inventivité. Il s'agit de réformer, d'innover, d'expérimenter tout ce dont elles ont été privées. C'est d'abord à de petits détails que se révèle l'ampleur des changements à venir. Après le papier peint, Virginia et Vanessa décident de se passer de serviettes de table. Les sœurs rebelles s'attaquent ensuite à un rituel qui dans l'Angleterre d'alors fait figure d'institution : le thé. Là encore, bousculant les usages, Vanessa et Virginia optent pour le café. Dans la foulée elles abolissent aussi la grande tenue obligatoire du soir. Contrairement au 22 Hyde Park Gate entièrement fondé sur les apparences, ce qui compte au 46 Gordon Square ce sont les idées. Désormais les enfants Stephen sont libres d'inventer leur vie et de réaliser leurs rêves. C'est à cette même période que Virginia, qui a jusqu'ici passé la majeure partie de son temps enfermée, goûte au plaisir de la promenade. Une occupation qu'elle apprécie d'autant plus qu'elle a perdu son caractère obligatoire. On ne s'aère plus pour une question de santé mais de plaisir. Un mot nouveau dans le vocabulaire de cette jeune femme qui n'aime rien tant que flâner dans les librairies et déjeuner dehors. Dans son Journal de l'époque, elle note à la hâte : « Bloomsbury est mille fois plus intéressant que Kensington.» Un parti pris qui témoigne de l'extraordinaire envie de vivre qui est alors la sienne. Pour elle qui n'a guère connu qu'une existence solitaire, Gordon Square marque le début d'une ouverture aux autres. Certes, il y a eu les soirées chaperonnées par George. Mais là aussi leur caractère obligatoire associé à l'incontournable droit de cuissage faisait de ces sorties une véritable corvée. Sans parler des amis de George qui étaient d'un formalisme affligeant.

À Gordon Square, Virginia va découvrir le plaisir de rencontrer des gens qui partagent enfin les mêmes centres d'intérêt qu'elle. Ce sont pour la plupart des amis de Thoby que la jeune femme a déjà eu l'occasion de croiser. Des types étonnants, tout droit sortis de Cambridge, plus miteux les uns que les autres. C'est précisément ce qui séduit Virginia, qui voit dans ce désintérêt de soi une marque de supériorité absolue. Sans compter le prestige que l'université continue d'exercer sur elle. Et puis Thoby qui lui parle de ses amis depuis si longtemps a le don de les rendre romanesques. C'est comme si elle les connaissait avant même de les avoir rencontrés. D'ailleurs, à y regarder de plus près, la négligence n'est pas totalement dépourvue de charme. Bien au contraire. Le plus séduisant des amis de son frère est à ses yeux un certain Clive Bell. Thoby le lui a décrit comme « une espèce de mélange de Shelley et de gentilhomme campagnard sportif ». Mais quand il vient pour la première fois au 46 Gordon Square, Virginia, subjuguée par son innocence et son enthousiasme, voit en lui une sorte de « dieu soleil avec de la paille dans les cheveux ». Si le jeune homme est un cavalier accompli qui prétend n'avoir jamais ouvert un livre avant son arrivée à Cambridge, il connaît en réalité tout Shelley et Keats. D'après Thoby cela ne suffit pas à faire de lui un poète. Lytton Strachey en revanche est un monument de culture. Ce qui le rend aux yeux de Virginia tout aussi fascinant que Clive. Son frère prétend qu'en plus d'une oreille absolue qui fait l'admiration de ses camarades, « le Strache » a en sa possession des tableaux français. Cet homme étrange et excessif deviendra le grand ami de Virginia. Son grand rival aussi. Avec lui elle passera des heures à parler littérature, enviant en secret ce qu'elle estime être ses qualités. L'un et l'autre auront toujours un goût prononcé pour les commérages qu'ils prendront toujours grand plaisir à colporter. Dès leur première rencontre, Virginia lui donne l'impression d'être une jeune femme « assez extraordinaire, très spirituelle, pleine de choses à dire, et complètement coupée de la réalité ». Il y a aussi Saxon Sydney-Turner, un autre prodige d'érudition qui connaît par cœur toute la littérature grecque. Une spécificité qui n'est pas faite pour déplaire à Virginia et qui compense le caractère étrange et taciturne de ce fumeur de pipe. Le jeune homme a la réputation de passer ses journées enfermé et de ne sortir qu'à la nuit tombée. Sur le coup de 3 heures du matin sa conversation s'anime et, si Thoby le trouve généralement extrêmement brillant, sa sœur ne partage pas toujours son enthousiasme. Les jeunes gens commencent à se retrouver tous les jeudis soir au 46 Gordon Square. Ils boivent du whisky, fument des cigarettes et refont le monde à leur manière, qui se doit d'être en tout point opposée à celle de leurs aînés. À l'ère du paraître succède l'ère des idées. D'ailleurs les sœurs Stephen ne se préoccupent guère de leur tenue. Le temps des robes de satin est révolu. Ce qui compte désormais c'est ce qu'elles ont à dire. Il ne s'agit plus d'être ravissante mais convaincante. Un registre dans lequel Virginia a la certitude de posséder plus d'atouts. Pour l'heure chacun semble un peu mal à l'aise. Les convives hésitent à prendre la parole. De longs blancs s'étirent, impensables dans la bonne société victorienne. Eux aussi font partie de ce nouveau jeu dont la règle consiste à laisser apparences et conventions au vestiaire. Qu'importe que la conversation retombe pourvu qu'elle soit profonde et authentique. C'est souvent Clive Bell qui se lance en premier. Les autres fixent obstinément le bout de leurs chaussures, cherchant en vain une repartie digne de ce cénacle qui réunit les plus brillants esprits. Le fameux groupe de Bloomsbury qui fera tant couler d'encre vit là ses premières heures. Des débuts maladroits et balbutiants qui ne laissent guère présager l'extraordinaire rayonnement que connaîtra cette bande de jeunes gens qui partagent les mêmes idées sur l'art et la politique. Pour Virginia, le charme de ces premiers jeudis tient à leur caractère abstrait. On parle de tout. De philosophie, de littérature, de religion mais surtout pas d'amour. Une aubaine pour la jeune femme qui garde un souvenir cuisant des réunions de Hyde Park Gate où la question du mariage était sur toutes les lèvres. Au 46 Gordon Square, Vanessa et Virginia vivent en toute impunité la vie d'étudiante dont elles ont secrètement toujours rêvé. Si elles ont tous les avantages de la liberté, elles n'en ont pas les inconvénients. C'est en tout cas le sentiment de Virginia qui se sent à l'abri dans ce cercle de jeunes hommes qui ne présentent en aucun cas une menace sexuelle. Pour cette jeune fille qui pense alors que « l'amour est une chose ignoble », les amis homosexuels de Thoby sont une véritable bénédiction. Avec eux elle s'adonne sans modération aux joies de l'esprit tout en sachant qu'il n'y aura pas de contrepartie. Un scénario reposant auquel la demi-sœur de George et Gerald n'a guère été habituée. Bien plus tard, quand le groupe de Bloomsbury sera entré dans la mythologie, ses nombreux détracteurs mettront en avant le caractère délétère et licencieux de ce rassemblement de jeunes gens oisifs. Or, ce qui définit le groupe à ses débuts, c'est précisément cette absence de sexualité, surprenante chez des jeunes femmes et des jeunes hommes de vingt ans. Dans « Le Vieux Bloomsbury », Virginia raconte qu'un soir la porte du 46 Gordon Square s'ouvrit sur la longue et sinistre silhouette de Lytton Strachey. Il fixa Vanessa ou plutôt la tache blanche qu'il y avait sur sa robe et lui demanda sans préambule : « Du sperme ? » L'anecdote fit beaucoup rire l'assemblée. Elle apporta aussi immanquablement de l'eau au moulin de tous ceux qui ne comprenaient pas ce que des jeunes gens de bonne famille pouvaient bien faire tous les jeudis soir à partir de 21 heures. Elle contribua sans doute à donner une image fausse de ce groupe qui ne s'appelle pas encore Bloomsbury mais qui déjà est condamné pour sa légèreté de mœurs. Or, dans les premiers temps au moins, si l'on parle beaucoup de sexe, on ne pratique pas pour autant. Cela ravit Virginia. Comme toute jeune fille de la bourgeoisie, elle reste largement ignorante sur le chapitre de la sexualité. Sa seule science, elle la doit à Platon dont la lecture assidue lui a permis de se faire une idée de la sodomie. Pour le reste elle attend quelques précisions. Ce ne sont pas les plaisanteries grivoises des amis de Thoby qui risquent de la mettre sur la voie. D'ailleurs sa naïveté est telle à l'époque qu'elle ne décèle pas d'emblée leur homosexualité. En revanche elle découvre à Gordon Square que l'on peut aborder tous les sujets, y compris les plus tabous, avec une liberté de ton à laquelle elle n'est pas habituée. Pour cette jeune fille qui rougit à la seule perspective de devoir demander à un homme où se trouvent les toilettes, c'est une véritable révolution ! Plus tard, cette désexualisation qui plaît tant alors à Virginia finira par être cause d'ennuis. Lorsqu'elle découvrira le pot aux roses, elle regrettera de ne plus pouvoir « faire l'intéressante ». Si les premières réunions ont lieu en 1905, le groupe de Bloomsbury connaîtra de profonds changements au fil des ans. D'autres figures illustres viendront ensuite rejoindre ce groupe de jeunes intellectuels qui entre-temps auront tous fait du chemin. C'est vers 1910 que

Clive Bell présente Roger Fry à la bande. Le peintre fait une forte impression à l'ensemble du groupe. Il sera l'amant de Vanessa et aura une importance capitale dans la vie de Virginia qui se souvient de son entrée : « Il apparut dans un vaste *ulster* dont chaque poche était bourrée, soit d'un livre, soit d'une boîte de peintures ou de quelque chose d'intrigant (…) Il avait des toiles sous le bras ; ses cheveux flottaient ; ses yeux brillaient ; il avait plus de culture et d'expérience que nous tous réunis. » Il y a aussi Duncan Grant qui n'a jamais rien à se mettre et à qui Virginia n'hésite pas à prêter le pantalon de son père pour les grandes occasions. C'est le pique-assiette de la bande, celui que les domestiques redoutent parce qu'il finit toujours par emporter quelque chose. Un morceau de pain à se mettre sous la dent. Une porcelaine ancienne à peindre. De temps à autre le romancier Morgan Forster, toujours entre deux trains, consent à se poser tel un papillon effrayé dans le salon enfumé des sœurs Stephen. Virginia, qui depuis Henry James n'a plus eu l'honneur de côtoyer de près un grand écrivain, est en pâmoison devant cet homme qu'elle observe à la dérobée lorsqu'il arpente les rues du quartier. Il y a aussi l'économiste Maynard Keynes dont la ressemblance avec Tolstoï jeune ne parvient pas pour autant à faire oublier la dureté. Avec l'arrivée dans le groupe de Roger Fry et de Duncan Grant, les discussions jusque-là essentiellement philosophiques prennent une tournure artistique. Roger Fry du haut de ses quarante-quatre ans en impose. Il aura une forte influence sur Virginia. Avec lui elle pourra parler esthétique et littérature. Il sera l'un des rares à comprendre son désir de formes nouvelles. Vanessa n'est pas en reste qui tombe aussitôt sous le charme de cet homme énergique et enthousiaste. Aussi, lorsqu'il manifestera sa préférence pour l'aînée, la cadette comme souvent éprouvera un profond sentiment de dépit. C'est à cette même période que Virginia fait la connaissance d'Ottoline Morrel, une jeune femme célèbre pour ses réceptions fastueuses et ses amours tourmentées, qui semble avoir fait vœu de ne jamais passer inaperçue. Pourtant, lorsqu'elle pousse pour la première fois la porte du 46 Gordon Square, c'est avec une timidité que dément son accoutrement. Lady Ottoline Morrel où qu'elle aille semble toujours sortie d'un bal costumé, ce qui ne manque pas d'attirer les regards mais aussi les railleries. Pour cette fille de général qui rejette ses origines aristocratiques, le groupe de Bloomsbury représente la quintessence de cette vie artistique dont elle rêve. Elle trouve d'emblée Virginia charmante et caresse en secret l'idée de se faire adopter par ces jeunes gens qui la regardent avec condescendance. C'est la tête de Turc de la bande. « Une Méduse de marbre curieusement passive » qui excite la veine caustique de Virginia. Chacun se moque sous cape de cette grande femme chapeautée mais ne répugne pas à profiter de ses largesses. Virginia a parfois quelques remords, toujours de courte durée. En 1909, Ottoline n'est pas encore une amie. Les deux femmes s'observent. Virginia est en manque d'amitiés féminines mais

Lady Morrel se méfie d'elle. À juste titre. Si Virginia est une jeune femme d'une grande sensibilité, elle cache aussi une certaine cruauté. Sa correspondance a ceci de passionnant qu'elle met en lumière toute la duplicité dont elle est capable. Volontiers manipulatrice, elle n'hésite pas à critiquer avec l'ironie qu'on lui connaît cette femme qui lui confie ses peines de cœur. À moins qu'elle ne se lance dans un éloge forcé dont le seul but est d'exciter la jalousie de son amie Violet Dickinson. Tout à son désir de se faire accepter par ces esprits de haute volée, Lady Morrel souffre en silence de se savoir la proie des quolibets. Plus tard elle prendra sa revanche en ajoutant sa voix à celle des détracteurs de ce groupe qui ne l'épargne guère. Pour l'heure Bloomsbury est encore loin d'être la cible des attaques répétées qu'il deviendra plus tard. Seule la bourgeoisie s'offusque de voir des jeunes gens prétendument de bonne famille mener leur vie comme ils l'entendent. Pour Virginia, qui s'interrogera tout au long de son existence sur le véritable esprit de Bloomsbury, l'âge d'or du groupe se situe entre 1904 et 1914. C'est avec une fierté non dissimulée qu'elle avoue que ces jeudis-là

furent (...) le germe d'où surgit tout ce que, depuis, on en est venu à appeler dans les journaux, les romans, en Allemagne, en France — et même, j'ose le dire, en Turquie et à Tombouctou — du nom de Bloomsbury.

Pourtant, début 1907, Virginia commence déjà à parler du groupe avec une pointe de nostalgie dans la voix. Selon elle, c'est Vanessa qui rompt le charme de ces premières réunions au caractère bon enfant. En se laissant séduire par Clive Bell, sa sœur met fin au pacte tacite qui voulait que les jeudis soir demeurent à l'écart des jeux du désir. Pour Virginia, l'annonce du mariage de Clive et de Vanessa clôt le premier chapitre de ce qu'elle appellera désormais le Vieux Bloomsbury, dont elle évoquera avec nostalgie dans son récit éponyme l'importance décisive. Les débuts n'ont qu'un temps. Et les aventures à venir de ce groupe amené à évoluer n'auront plus jamais ce parfum de révolte, d'innocence et de liberté. Certes, les deux sœurs s'amuseront encore à se déguiser. Mais les mauvaises langues se feront un plaisir de rapporter que les filles Stephen dansent nues au milieu du salon. Certes, il y aura aussi le canular de Dreadnought. Mais ce formidable pied de nez à l'establishment n'arrangera rien à l'affaire. Adrian sera l'instigateur de cette plaisanterie qui contribuera largement à entacher la réputation du groupe. L'idée de se faire passer pour l'empereur d'Abyssinie afin de visiter les derniers navires de guerre de la flotte royale britannique paraît aujourd'hui tout juste croyable. Le 7 février 1910, Adrian, Duncan Grant, Virginia et quelques amis débarquent à Weymouth grimés, affublés de turbans loués à un costumier de théâtre, avec le sérieux exigé par ces rôles de composition qu'ils ont tout juste eu le temps de peaufiner durant le voyage. À l'arrivée le tapis rouge est déroulé et malgré la moustache de Duncan qui ne cesse de se décoller la farce réussit au-delà de leurs espérances.

Découvrant la supercherie quelques jours plus tard, la Royal Navy sera en revanche loin de la trouver à son goût. L'histoire fera grand bruit et donnera le coup d'envoi à une salve d'attaques que rien ne saura plus arrêter. La liberté, la jeunesse et l'intelligence ont le don d'irriter les esprits. Rupert Brooke parlera de l'« atmosphère délétère » de ce groupe de jeunes insolents, D.H. Lawrence, de leurs « petits ego grouillants ». Virginia aura toujours du mal à supporter les attaques en règle dont le groupe sera de plus en plus souvent l'objet au fil des ans. Pourtant à ses yeux rien ni personne ne pourra ternir l'image mythique des débuts de Bloomsbury. Pour la jeune femme hésitante que Virginia est encore, la vie à Gordon Square ressemble à une renaissance. Dans ce salon enfumé, tous les jeudis soir Virginia Stephen apprend à vaincre une timidité maladive. Peu à peu la jeune fille muette des débuts découvre le plaisir d'échanger des idées. Comme Rachel dans *La Traversée des apparences*, elle s'aperçoit enfin qu'elle peut « être une personne par elle-même ». Peu à peu elle prend confiance en elle. Son sens de la repartie s'affirme. Son esprit caustique se révèle. Tous ceux qui passent au 46 Gordon Square s'accordent sur un point. Virginia est une délicieuse jeune fille : drôle, vive, intelligente et d'une fantaisie tellement rafraîchissante. Au fil des semaines elle prend goût aux joutes verbales. Et quand Saxon Sydney-Turner lui glisse à l'oreille qu'elle s'est montrée fort convaincante, il lui fait le plus beau compliment qui soit. À Gordon Square on apprécie enfin Virginia

Stephen pour ce qu'elle est, pas pour l'image qu'elle donne. C'est sa plus belle victoire. Celle qui va lui insuffler le courage de se lancer dans cette formidable aventure pour laquelle elle se sent prête : l'écriture. À vingt-deux ans un papillon gracieux sort de sa chrysalide. Il ne demande qu'à continuer à vivre dans cette atmosphère de liberté qui ressemble au bonheur.

Leonard le sauveur

C'est dans ce cadre bourgeois et bohème des débuts de Bloomsbury qu'apparaît pour la première fois un personnage singulier qui va jouer un rôle essentiel non seulement dans la vie de Virginia mais aussi dans la perception que l'on aura d'elle par la suite : Leonard Woolf. Avec l'esprit de méthode que met en toutes choses cet homme qui a choisi l'exil depuis plusieurs années, Leonard participera activement et sans doute aussi inconsciemment à l'élaboration de la légende de Virginia Woolf avec qui il partagera sa vie pendant près de trente ans. Le 10 juin 1911, ce fonctionnaire en poste à Ceylan rentre en Angleterre pour un congé bien mérité. À Londres, il a coutume de retrouver ses anciens camarades de Cambridge : Thoby, mais aussi Duncan Grant, Lytton Strachey, Maynard Keynes et les autres. Bien que faisant partie du groupe de Bloomsbury, le cas de Leonard est atypique. À dire vrai il l'a toujours été et le choix de l'exil ne fait que confirmer une singularité de longue date. À Cambridge ce jeune homme issu d'un milieu modeste, orphelin de père à l'âge de

1 Virginia Woolf en 1932. Photographie anonyme.

«*Comme je n'ai pas l'intention de pressurer mon cerveau, je vais écrire ici les premières pages du plus grand livre du monde. C'est ce que serait un livre entièrement et uniquement composé avec l'aveu sincère de ses propres pensées.*»

₂ Photo de Julia Jackson, mère de Virginia Woolf, prise par Julia Margaret Cameron.
Musée d'Orsay, Paris.

₃ La jeune Virginia avec sa sœur Vanessa à Saint Ives, Cornouailles, en 1894.

₄ Vanessa Bell vers 1910.

₅ Virginia Woolf et son père Leslie Stephen (1832-1904), photo prise vers 1902.
Musée d'Orsay, Paris.

4

5

« Notre affaire, c'est d'allier des mots anciens dans un ordre nouveau, afin qu'ils survivent et qu'ils créent la beauté, qu'ils disent la vérité. »

6
7
8

6 *Qui a peur de Virginia Woolf ?* de Mike Nichols avec Elizabeth Taylor et Richard Burton en 1966.

7 Diana Rigg joue *Qui a peur de Virginia Woolf?* en 1996 au théâtre Almeida à Londres.

8 Isabelle Huppert dans *Orlando*. Mise en scène de Robert Wilson au théâtre Vidy en Suisse, à Lausanne, en mai 1993.

9 *Mrs Dalloway* de Marleen Gorris, 1997, Lena Headey et Natascha McElhone.

10 *The Hours* de Stephen Daldry en 2002, Nicole Kidman et Stephen Dillane.

10

11 Façade de la ferme Charleston près de Firle en Angleterre. Cette ferme repérée par Virginia Woolf devint un lieu incontournable pour les membres du groupe Bloomsbury à partir d'octobre 1916.

12 Virgina Woolf et son mari Leonard Woolf à Cassis sur la Côte d'Azur en 1928.

13 T. S. Eliot avec V. W. et Vivienne Eliot, 1932.

14 Couverture de la première édition de *The Waves* publié par the Hogarth Press à Londres en 1931, lithographie de Vanessa Bell.

15 Signature de Virginia Woolf.

16 Hyde Park Gate News. Journal de famille écrit par Virginia Woolf et Vanessa Bell. 1891-1892. The British Library Institution, Londres.

the Waves
Virginia Woolf

the Hogarth Press

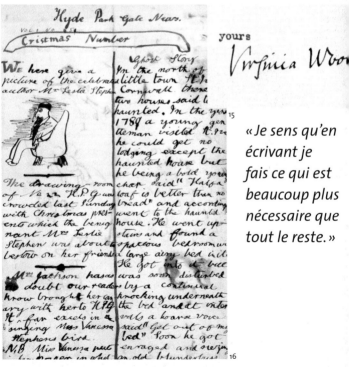

yours

Virginia Woolf

« Je sens qu'en écrivant je fais ce qui est beaucoup plus nécessaire que tout le reste. »

« *Si vous ne dites pas la vérité sur vous-même vous ne pouvez pas la dire sur les autres.* »

17 *Virginia Woolf dans une chaise longue,* Huile sur toile de Vanessa Bell, 1912. Sotheby's, Londres.

18 Portrait de Virginia Woolf vers la fin de sa vie.

onze ans, boursier et juif, se démarquait déjà nettement du fleuron de la bourgeoisie anglaise incarné par les autres étudiants. Au dire de Thoby, Leonard est un type étrange qui tremble de la tête aux pieds. Une sorte de misanthrope qui prétend que, passé vingt-cinq ans, personne n'est plus bon à rien. Un jeune homme excessif et intransigeant qui s'accommode mal des compromissions. Thoby a toujours eu une grande admiration pour son courage, sa force de caractère et son intelligence. La description passionnée qu'il fait à sa sœur de cet idéaliste ténébreux ne pouvait qu'éveiller sa curiosité. Lorsqu'il est en Angleterre, Leonard Woolf a l'habitude de retrouver ses amis au cours des réunions rituelles du jeudi soir. Pourtant il n'est guère à son aise au 46 Gordon Square et donne l'image d'un jeune homme frêle et tendu qui se trouble dès qu'il doit prendre la parole en public. S'il apprécie la compagnie des sœurs Stephen, il semble être plus attiré par la sensualité de Vanessa. C'est à travers les lettres échangées avec son ami Lytton Strachey que la passion de Leonard va peu à peu se cristalliser sur la cadette. « Le Strache » lui raconte par le menu le déroulement des soirées au 46 Gordon Square. Grand amateur de ragots, il sait tout ce qu'il importe de savoir. Virginia est selon lui une jeune fille aussi délicieuse que farouche qui « aspire à tomber amoureuse ». Elle a repoussé bon nombre de prétendants mais arrive à un âge où le mariage semble incontournable. Elle est surtout la seule à être suffisamment intelligente. Une qualité essentielle aux yeux de Leonard qui se surprend à penser de plus en plus souvent à la jeune femme fantasque qu'il a croisée à plusieurs reprises sans jamais oser lui adresser la parole. Lytton, loin de s'arrêter en si bon chemin, n'hésite pas à confier à son ami l'expérience cuisante de sa propre demande en mariage auprès de cette jeune fille difficile. Leonard seul à Ceylan s'ennuie. Ces six années passées sous les tropiques le laissent amer. Il s'était embarqué en 1904 pour l'Asie dans l'espoir secret de recommencer une vie nouvelle. En 1911, il a fait le tour de la question et son bilan des colonies est des plus mitigés. À trente ans Leonard est un jeune homme qui semble avoir renoncé au bonheur. L'exil n'ayant fait qu'aggraver ses pensées suicidaires, son ami lui conseille sans détour d'épouser Virginia, pensant sincèrement qu'il a toutes les chances de réussir là où lui-même a échoué. Leonard Woolf, s'il est intrigué par la jeune femme qu'il a rencontrée au 46 Gordon Square lors de ses séjours à Londres, ne peut s'empêcher de nourrir quelques appréhensions à son sujet : « Être amoureux d'elle, n'est-ce pas un danger ? » écrit-il à son ami le 1er novembre 1911.

La rencontre de Leonard et de Virginia n'a rien d'un coup de foudre. Les jeunes gens se croisent, s'observent, se posent beaucoup de questions et n'avancent leurs pions qu'avec circonspection. Leonard de peur d'effrayer cette jeune femme craintive et tourmentée. Virginia par crainte de voir se profiler une demande en mariage qu'elle ne pourra cette fois se permettre de refuser. Au cours du mois de novembre de la même année, Virginia et Adrian quittent Fitzroy Square où ils avaient emménagé après le mariage de Vanessa et s'installent au 38 Brunswick Square. Pour l'un comme pour l'autre c'est la fin d'un tête-à-tête devenu insupportable. Hors de question donc de recommencer sur les mêmes bases. La nouvelle maison est suffisamment grande pour qu'ils envisagent de louer certaines chambres. C'est ainsi que, bien avant de devenir son amant, Leonard Woolf devient le locataire de Virginia. Sa future femme lui loue l'appartement du dernier étage qui est aussi le moins cher tandis que Maynard Keynes et Duncan Grant, alors en couple, occupent le rez-de-chaussée. Une femme seule avec trois hommes dans l'Angleterre des années dix : il y a là de quoi faire jaser. George ne s'en prive pas. Ni Violet Dickinson, qui voit d'un très mauvais œil l'émancipation de Virginia depuis la mort de son père. Le 11 janvier 1912, Leonard Woolf se jette à l'eau et fait enfin sa demande. Même s'il n'est pas sûr de lui, il est loin d'imaginer la longue période d'atermoiements que va alors lui infliger sa future femme. Pour commencer elle tombe malade. Une manière inconsciente sans doute de repousser un choix qu'elle est alors dans l'incapacité de faire. La question du mariage est essentielle pour comprendre cette femme sans cesse tiraillée entre ses aspirations profondes et les exigences de son époque. En 1912, elle va avoir trente ans et n'est pas encore reconnue. Ni en tant qu'artiste — elle n'a toujours pas publié son premier roman auquel elle travaille d'arrache-pied depuis cinq ans — ni en tant que femme. Elle a jusque-là refusé tous les prétendants qui se sont présentés. La demande en mariage de Leonard Woolf arrive à une période où Virginia a le sentiment d'avoir échoué dans tous les domaines. La proposition ressemble donc à une dernière chance. Puisqu'elle n'a pas encore le statut d'écrivain, Virginia aura au moins celui de femme mariée. Piètre compensation pour elle que de rentrer dans le rang. Le mariage, s'il est une fin en soi pour beaucoup de jeunes femmes de son époque, s'apparente pour Virginia à un pis-aller. D'abord parce qu'il sonne le glas de l'enfance, ce que la jeune femme a décidément du mal à admettre. « Bien sûr je vois que nous nous marierons tous. Ça ne va pas manquer », écrit-elle dépitée à sa sœur. Ensuite parce que la vie à deux implique selon elle une lenteur qui ne convient guère à l'envergure de ses projets littéraires. Virginia redoute le mariage qu'elle envisage comme un frein à son évolution personnelle. Son rêve depuis toujours est de « fonder une colonie où le mariage n'exister(ait) pas — à moins que l'on ne tombe amoureux d'une symphonie de Beethoven ». C'est dire l'importance qu'attache à son destin artistique cette femme qui n'a encore rien réalisé de son œuvre. C'est dire aussi les sentiments mitigés que lui inspire cette institution de l'amour qui s'accorde mal avec son tempérament excessif et romanesque. Ce qui compte pour Virginia, c'est de terminer ce premier roman qui lui donne tant de fil à retordre et dans lequel elle exprime l'ambivalence de ses sentiments à l'égard du mariage. Ne voulant pas forcer la jeune femme déjà très perturbée, Leonard demande une prolongation de son congé qui lui est refusée. Lorsqu'il envisage de donner sa démission, Virginia prend conscience de la nécessité de se décider. Elle écrit alors une lettre bouleversante à cet homme qui se montre si compréhensif à son égard et dans laquelle elle ne cache pas les contradictions qui l'assaillent. Les revendications qu'elle fait entendre sont celles d'une femme éminemment moderne. Virginia veut tout. Un mari. Des enfants. Un travail. Un accomplissement personnel. Elle n'entend transiger sur rien. Sa franchise est confondante. Cruelle aussi parfois. Notamment lorsqu'elle révèle à cet homme qu'elle s'apprête à épouser qu'elle n'a aucune attirance physique pour lui. « Il y a des moments, écrit-elle, comme par exemple quand vous m'avez embrassée l'autre jour, où je n'ai pas plus de sentiment qu'un rocher. » Depuis longtemps déjà la préférence de Virginia va aux femmes. Avec ses aînées elle se sent comprise, aimée, en confiance. Pourtant là encore la raison l'emporte. Puisqu'il faut bien finir par se marier, pourquoi ne pas s'unir à ce jeune homme dont l'intelligence a au moins le mérite de la séduire ? Inconsciemment Virginia pressent que Leonard, qui a les mêmes aspirations littéraires qu'elle, lui permettra de faire ce à quoi elle se sent destinée : écrire. Elle lui a d'ailleurs fait lire quelques pages de ce roman qu'elle ne parvient pas à terminer et qui s'intitule alors *Melymbrosia*. Ce qu'elle ignore alors, c'est à quel point Leonard Woolf mettra tout en œuvre pour qu'elle puisse s'engager corps et âme dans la grande aventure de l'écriture. Après une longue bataille avec elle-même dont sa lettre donne une illustration saisissante, Virginia capitule.

Je dois vous donner tout, si je n'y parviens pas, le mariage ne serait qu'un second choix pour vous comme pour moi. Si vous pouviez me laisser trouver ma voie c'est ce que je préférerais.

Sa décision est prise. Virginia consent au mariage mais à certaines conditions qu'elle a soin de poser dès le départ. Pour cette femme en avance sur son temps, l'union de deux êtres ne peut s'envisager qu'en termes d'égalité. Il est hors de question pour elle de reproduire le schéma parental qui est celui de la plupart des mariages de l'époque et qui consiste en l'asservissement d'un être à un autre. Comme dans tout ce qu'elle entreprend, Virginia place la barre très haut. De manière tout à fait inédite pour son temps, elle demande au mariage d'être, en sus d'un contrat social, une véritable aventure à deux. C'est donc sur ces mots pétris d'exigence et d'optimisme qu'elle termine sa lettre :

Nous aspirons tous deux à un mariage formidablement vivant, toujours en vie, toujours chaud, non pas mort et facile comme la plupart des mariages. Nous attendons beaucoup de la vie, non ? Peut-être l'obtiendrons-nous, ce qui serait splendide !

Le 10 août 1912, le mariage de Leonard Woolf et de Virginia Stephen est célébré par une journée pluvieuse à la mairie de Saint Pancras. Donnant raison au vieil adage : mariage pluvieux mariage heureux, il durera près de trente ans. Parmi les témoins l'on compte alors les amis de toujours : Roger Fry, qui a une liaison avec Vanessa, mais aussi Duncan Grant et Saxon Sydney-Turner. Tous sont venus assister à ce que beaucoup considèrent comme une mésalliance. L'union d'une jeune fille de la bourgeoisie anglaise et d'un Juif sans le sou intrigue les mauvais esprits. Virginia, malgré ses nombreuses appréhensions, semble heureuse. L'on a beaucoup parlé de son antisémitisme, oubliant sans doute que ses préjugés raciaux sont ceux de son époque et de son milieu. Quand la jeune femme appelle son mari « le Juif », c'est sans penser à mal. La judéité de Leonard qui est souvent pointée du doigt par autrui n'est jamais un obstacle pour la jeune femme qui se réjouit au contraire de cet exotisme. Sa belle-famille elle-même, qu'elle ne porte pourtant pas particulièrement dans son cœur, est également un motif de curiosité. Lorsque ses amis tiennent des propos racistes, Virginia est scandalisée. En 1941, son empathie à l'égard des Juifs est telle qu'elle envisage de se suicider avec son mari dont elle n'ignore pas que le nom a malheureusement toutes les chances de figurer sur la liste noire des nazis. Pour son entourage, son mariage tardif avec Leonard ressemble à un cadeau du ciel. Vanessa en particulier juge d'emblée cet homme venu des colonies comme le meilleur parti possible pour sa sœur. À cette période la jeune femme ne peut plus se permettre d'être en permanence à l'écoute des problèmes de Virginia. Elle-même traverse une phase difficile, devant gérer à la fois ses deux enfants, son mari et sa relation passionnelle avec Roger Fry. Les années passant, les relations entre les deux sœurs continuent d'être marquées du sceau de la rivalité. Virginia vit très mal l'aventure de Vanessa et Roger Fry avec qui elle entretenait jusqu'alors une relation privilégiée. D'après Hermione Lee, la découverte dépitée de cette idylle aurait en partie déclenché sa décision de se marier. Toujours est-il que Vanessa va très vite confier le rôle de tuteur à Leonard Woolf, ne lui cachant en rien la gravité de l'état de santé de sa sœur. Plus tard dans sa biographie, Quentin Bell résumera ce que tout un chacun pense alors du mari de sa tante fragile et instable : Leonard, bien que juif et désargenté, était le meilleur parti envisageable pour Virginia. Et la décision de se marier avec lui « la plus sage de sa vie ». Quant à savoir si elle était la meilleure ? Mr Woolf arrive surtout à point nommé pour décharger Vanessa Bell de l'encombrant fardeau qu'est devenue sa sœur. Pourtant, alors qu'elle-même a tant souhaité l'union de Virginia avec cet homme qui semble résolument bon, elle vivra mal son mariage. Comme si depuis l'enfance les sœurs Stephen formaient en réalité un couple bien plus solide et fusionnel que ceux qu'elles formeront par la suite. En épousant la cadette, Leonard comprend vite qu'il épouse aussi l'aînée tout comme Clive a déjà eu le loisir de constater l'importance que Virginia avait dans son propre couple. À l'image des sœurs siamoises, les filles

Stephen sont unies par un lien aussi complexe qu'indestructible. C'est donc tout naturellement que, dès 1912, Vanessa emmène Leonard chez le docteur Savage, nouveau médecin traitant de Virginia.

La passation de pouvoir est symbolique. Désormais Leonard Woolf est le tuteur mais aussi l'infirmier de sa femme. Un rôle qu'il prend très à cœur et qui est justifié aux yeux de tous par la fragilité mentale de Virginia. D'autant que les faits vont s'empresser de donner raison à cet homme dont on peut se demander si le rêve secret n'était pas de se consacrer entièrement à son épouse.

Quelques mois après son mariage, Virginia Woolf tombe gravement malade. Son refus de s'alimenter et ses difficultés à trouver le sommeil inquiètent ses proches. On fait venir le médecin qui, outre les recommandations d'usage, lui prescrit du véronal, un sédatif puissant. Quelques jours plus tard, elle force volontairement la dose et frôle la mort. On attribue généralement ce nouvel épisode dépressif à l'extraordinaire pression à laquelle la romancière se soumet depuis plusieurs mois pour venir à bout de son premier roman. Depuis sept ans déjà Virginia a mis tant d'elle-même dans ce livre qu'elle en espère la publication autant qu'elle la redoute. En 1913, George Duckworth lui promet de publier son livre dans sa propre maison d'édition, mais très vite le contexte social et familial l'incite à repousser la date de parution. Bien plus que l'approche imminente de la guerre, c'est une fois de plus la santé de Virginia qui est à l'ordre du jour. Depuis sa tentative de suicide, loin de s'améliorer, son état ne fait que se dégrader. Chacun s'interroge en secret. Si la perspective de laisser partir ce premier livre n'est vraisemblablement pas sans relation avec la recrudescence de ses symptômes, il est une autre raison que Virginia souligne presque inconsciemment : « J'ai épousé Leonard en 1912 (…) et presque aussitôt j'ai été malade pendant trois ans. » La relation de cause à effet est éclatante. Aveuglante presque. Tant et si bien que la romancière ne pense pas à mal lorsqu'elle écrit cette phrase que l'on pourrait interpréter, à tort, comme une charge contre son mari. Leonard Woolf fait preuve d'une infinie patience. Vivre aux côtés de Virginia dans ces années-là est loin d'être une sinécure. Ses hallucinations redoublent. Son agressivité est décuplée. Son refus de s'alimenter fait de chaque repas un véritable calvaire. À la suite de sa tentative de suicide son état est si alarmant que chacun, en son âme et conscience, se pose la question de son internement. Leonard, plus soucieux que jamais, emmène sa femme consulter différents médecins. Les avis ne concordent pas. Certains préconisent l'enfermement, d'autres estiment qu'il n'est pas justifié. C'est finalement Leonard Woolf qui tranchera. Sa conviction est simple : Virginia est maniaco-dépressive et sa souffrance est exacerbée par son activité créatrice. En essayant de maîtriser son hygiène de vie on peut espérer, selon lui, réduire ses troubles nerveux. Las des tergiversations du corps médical, Leonard décide donc de se lancer seul dans une croisade contre la maladie mentale de sa femme. Sa décision est prise : non seulement il lui évite l'internement mais il fait en plus le vœu de s'occuper d'elle, et ce, jusqu'à la fin de ses jours. Un engagement qui va considérablement orienter sa propre vie mais aussi celle de sa femme. Leonard Woolf devient aux yeux de tous cet homme providentiel qui évite à Virginia l'enfermement auquel la condamnait à plus ou moins brève échéance son état. Dans l'histoire de la maladie mentale de la romancière, cette période correspond à un tournant. Pour la première fois, les différents troubles nerveux de cette femme fragile sont pris au sérieux. Trop, sans doute. Pour la première fois aussi tombe le couperet d'un diagnostic sans équivoque. À dater de 1913, Virginia Woolf est considérée comme une femme malade par un mari qui décide de tout mettre en œuvre pour la soigner. Mais son dévouement même a quelque chose de suspect. En reléguant sa femme du côté de la maladie, cet homme complexe s'inscrit lui-même par opposition dans le clan des bien portants. Une distribution des rôles qui a l'avantage d'occulter certaines vérités.

Lorsque Leonard entend jouer les médecins, peut-être espère-t-il oublier qu'il est lui aussi sujet à des troubles nerveux, et ce depuis de nombreuses années. À Cambridge déjà son perpétuel tremblement constituait un motif d'étonnement pour ses amis. En public, cette « tremblote » qu'il maudit est une cause de souffrance qui explique sans doute en partie son caractère asocial. Pour Virginia le handicap dont souffre son mari semble avoir « orienté sa vie dans le mauvais sens depuis l'âge de cinq ans ». En 1916, il lui permet malgré lui d'éviter d'être mobilisé. Si Virginia Woolf est malade, son mari l'est aussi. À sa manière, qui est une forme de déni. Autant Virginia accepte sa condition, autant Leonard ne veut rien entendre au verdict des médecins. La raison de son exemption, selon lui, c'est Virginia. Il veut croire que l'état de santé de sa femme ne lui permet pas de rester seule. Un alibi qui deviendra sa raison de vivre. En s'occupant exclusivement de sa jeune épouse, cet homme dévoré par l'anxiété se détourne de ses propres tourments qu'il reporte sur elle. Dans la version intégrale de son Journal, Virginia fait souvent référence aux troubles nerveux de ce mari pessimiste, anxieux et dépressif. Un portrait de lui-même que Leonard a gommé dans la version concoctée par ses soins. En 1917, son comportement est pourtant décrit en des termes qui ne trompent guère. Il ne pèse que 60 kilos et son état de plus en plus fébrile l'incite à aller consulter plusieurs médecins. Virginia attribue pour sa part cette phase critique à un manque de confiance caractéristique : « Comme s'il doutait somme toute d'être écrivain. » À cette époque, Leonard est pourtant plus en droit de croire à son avenir littéraire que sa femme. Il a publié en 1913 un premier roman inspiré de son expérience aux colonies : *Village dans la jungle,* qui a été bien accueilli. Depuis il travaille à un nouveau livre et veille sur sa femme qui lutte désespérément contre ses tendances suicidaires. Malgré des débuts encourageants Leonard Woolf doute de ses capacités. Alors qu'il est à l'orée de sa vie, il est déjà persuadé de son inutilité. Un sentiment contre lequel il a toujours dû lutter et qui ne s'arrangera guère avec le temps. À la fin de sa vie, alors qu'il aura rempli d'importantes fonctions, il fera un bilan sans concession de son existence : « Les cinquante-sept dernières années seraient exactement les mêmes si j'avais joué au ping-pong au lieu de siéger à des comités et d'écrire des livres. » L'alchimie d'un couple reste mystérieuse. Celui de Mr et Mrs Woolf repose sur un renoncement qui prend corps à cette période. Leonard, s'il doute de ses qualités d'écrivain, est certain en revanche de l'extraordinaire potentiel de sa femme. Il « pense que c'est ce que j'écris qui est le meilleur de moi-même », note cette dernière. Parce qu'il pressent que Virginia a le génie qu'il n'a pas, cet homme complexe va tout mettre en œuvre pour que son épouse devienne la plus grande romancière de son temps. En se consacrant à cette femme aussi douée que fragile, Leonard Woolf trouve enfin le sens qui manquait à sa vie. Quoi de plus naturel alors que de reléguer dans l'ombre un homme pour qui il n'a jamais eu d'estime : lui-même. Dans la version définitive du Journal de Virginia Woolf, celui qui a tant œuvré pour l'avènement littéraire de sa femme a travaillé à s'effacer du paysage avec une obstination révélatrice. Un sacrifice aussi louable ne pouvait être sans contrepartie.

Suite à la tentative de suicide de sa toute nouvelle épouse, Leonard prend la situation en main et décide de pourvoir à une organisation du quotidien qui ne laisse rien au hasard. Le maître mot de cette nouvelle vie : la maîtrise. À défaut d'avoir pu juguler ses propres troubles nerveux, Leonard va élaborer toute une discipline visant à maîtriser ceux de sa femme. Pour cet homme cartésien et méthodique, la santé psychique passe par une hygiène de vie drastique. Au programme : repos, nourriture équilibrée, et promenade obligatoire. Sont exclues les sorties mais aussi toute activité sociale susceptible d'entraîner une excitation préjudiciable à la santé fragile de sa protégée. Non content de lui rabâcher quotidiennement une leçon qu'elle entend depuis l'adolescence, Leonard demande à Virginia de mettre par écrit les principes qu'il lui a inculqués dans « un contrat pour rire » que les deux parties prennent néanmoins la peine de signer. Dans un premier temps c'est donc la santé mentale de Virginia qui justifie la mise en place d'une organisation qui ressemble à s'y méprendre à un système de surveillance. Dans un second temps ce sera l'avènement de son œuvre. Au final la vie commune ne sera jamais fonction que de deux critères : la folie et l'écriture. Il suffit de parcourir le « contrat » pour avoir une idée du caractère à la fois excessivement dévoué du mari et soumis de l'épouse, laquelle accepte le sort qui a finalement toujours été le sien :

Je soussignée (...) Virginia Woolf jure que 1 / je reposerai sur le dos, la tête sur les coussins, pendant une demi-heure après le déjeuner 2/ Je mangerai exactement autant que si je n'étais pas seule 3/ Je serai couchée à 22 h 25 chaque soir et je m'endormirai aussitôt 4/ Je prendrai mon petit déjeuner au lit 5/ Je prendrai un plein verre de lait le matin 6/ Dans certaines circonstances, je me reposerai sur le sofa, ne me promènerai ni dans la maison, ni dehors (...) 7/ je serai sage 8/ je serai heureuse.

Après avoir lutté pendant des années contre la tyrannie du père, Virginia se plie à celle du mari. Physiquement, mais aussi moralement, les deux hommes se ressemblent. Même silhouette longiligne. Même visage sec. Même tempérament anxieux, nerveux et pessimiste. Leonard joue à la perfection ce rôle de médecin qui va devenir celui de sa vie, et Virginia, de son côté, consent entièrement au début à endosser celui du malade. Chacun trouve son compte à cette comédie sur fond de tragédie. Pour cette jeune femme dont on s'est peu occupé pendant l'enfance, il y a une grande douceur à être prise ainsi totalement en charge. Pour cet homme qui depuis de nombreuses années cherchait douloureusement un sens à sa vie, le soulagement de l'avoir trouvé en cette femme émouvante dont le génie justifie que l'on se mette tout entier à son service. Le couple repose sur une entente tacite. En décidant de s'occuper de Virginia, Leonard met sa femme à l'abri de la folie et lui permet de se consacrer à l'écriture. « Survivre pour écrire », telle est l'unique pensée qui permet à la romancière de ne pas sombrer définitivement. Les périodes de tempête et d'accalmie se succèdent. Leonard Woolf telle une vigie veille au grain. L'un et l'autre savent qu'à l'horizon brille la promesse de mots nouveaux qui seront le ciment de leur couple. Chaque matin, quand l'état de Virginia le permet, cet homme et cette femme unis par un même goût du travail acharné se consacrent à l'écriture. Virginia note : « Le matin nous écrivons 750 mots chacun. » Vers 13 heures déjeuner frugal suivi d'un temps de repos obligatoire, puis promenade ou jardinage avant de se remettre au travail. En cette période troublée, la vie des Woolf dans sa régularité et sa précision ressemble à un office religieux. L'un lit, l'autre écrit. Le soir, Leonard et Virginia parlent de leurs engouements respectifs, de leurs doutes, de leurs espoirs. Si la littérature est inscrite au cœur de leur existence, l'histoire de ce couple est fondée sur une forte communion intellectuelle qui va se matérialiser par une extraordinaire aventure éditoriale : la Hogarth Press.

C'est en 1917 au cours d'une promenade que Leonard découvre un matériel d'imprimerie d'occasion qui va lui donner l'idée la plus géniale de toute son existence : monter sa propre maison d'édition. Au départ cet homme si soucieux de la santé de sa femme pense que l'imprimerie peut être un puissant dérivatif à ses penchants suicidaires. Opinion accréditée par Virginia qui affirme que le fait de s'occuper les mains lui permet de se vider l'esprit. C'est donc pour elle que va commencer cette aventure unique en son genre qui se confond avec l'histoire de leur couple. La carrière d'éditeurs des Woolf débute en juillet de la même année par un recueil tiré à cent cinquante exemplaires intitulé *Deux Nouvelles,* lesquelles portent fièrement la mention suivante : *Écrites et imprimées par Virginia Woolf et L.S. Woolf.* « Trois Juifs » est un texte de Leonard, « La Marque sur le mur » de Virginia. La Hogarth Press est d'abord une histoire de famille. Vanessa est chargée des illustrations, ce qui ne va pas sans quelques discussions houleuses. Pour l'heure le couple écrit à parts égales. Très vite pourtant les rôles se redéfiniront d'eux-mêmes. Virginia écrira et Leonard lira. À l'origine la vocation de la Hogarth Press est clairement de publier des amis. C'est donc tout naturellement que les Woolf demandent des textes à Roger Fry, Maynard Keynes ou encore E.M. Forster. Désireux d'une politique éditoriale éclectique, ils décident de publier tout aussi bien des ouvrages d'économie que des fictions ou des recueils de poèmes. À leur palmarès l'on trouve : Katherine Mansfield, Gorki, Svevo, T.S. Eliot mais aussi Rilke, Freud ou Melanie Klein. Leurs choix souvent audacieux se portent généralement sur des écrivains qu'ils estiment représentatifs de leur temps. Les Woolf ont de l'intuition et n'hésitent pas à prendre des risques, notamment lorsqu'ils décident de publier les œuvres de Freud. Seul échec de cette maison d'édition qui deviendra au fil du temps l'une des plus importantes d'Angleterre : James Joyce. Le 24 avril 1917, Miss Weaver dépose chez les Woolf un énorme paquet brun. C'est le manuscrit d'*Ulysse* auquel la Hogarth Press oppose un refus déguisé. Pour motiver leur décision les Woolf allèguent le problème du volume du manuscrit impossible à imprimer avec leur modeste presse artisanale. En réalité ils ont été déçus par ce livre que l'on dit révolutionnaire. Virginia, plus déstabilisée qu'il n'y paraît, confie à son Journal ce jugement sans appel :

> C'est un livre inculte et grossier, le livre d'un manœuvre autodidacte et nous savons combien ces gens sont déprimants ! Égoïstes, insistants, rudimentaires, stupéfiants et pour finir dégoûtants.

Un éreintement en règle qui prouve que la romancière n'a que trop bien perçu l'importance de tout premier plan d'*Ulysse*. En 1922, quand le manuscrit de Joyce est finalement publié, Virginia s'en procure un exemplaire et tente une relecture, cherchant à comprendre les raisons de son succès :

> J'ai terminé *Ulysse* et je trouve que c'est un coup manqué. Le génie n'y manque pas certes mais il n'est pas de la plus belle eau. Le livre est diffus. Il est saumâtre. Il est prétentieux. Vulgaire aussi et pas seulement au sens ordinaire mais au sens littéraire.

James Joyce, parce qu'il s'aventure sur le même terrain littéraire que Virginia, apparaît comme un rival potentiel qu'il est préférable d'écarter. La bévue des Woolf concernant ce livre majeur n'est vraisemblablement pas fortuite. Pour Virginia qui cherche à s'affranchir des canons romanesques en vigueur afin de trouver sa propre voie, la réussite éclatante de ce livre novateur et dans le ton et dans la conception ne peut être qu'un motif de jalousie.

Si Joyce est la preuve que l'erreur est humaine, Freud révèle la sagacité et le courage de la politique éditoriale des Woolf. Leur exigence, leur opiniâtreté, leur amour des textes conduiront peu à peu la Hogarth Press à s'enrichir de nouvelles collections, telle « La Bibliothèque de la psychanalyse ». En 1917, Virginia et Leonard sont encore loin de se douter de l'ampleur que prendra leur entreprise commune. Très vite pourtant Virginia comprend qu'à défaut d'être une thérapie, la Hogarth Press représente un formidable outil de liberté. Elle en fait l'expérience dès 1922, date à laquelle le couple décide de ne plus dépendre des différents éditeurs et de publier son troisième roman : *La Chambre de Jacob*. Dans ce livre expérimental, la romancière décide d'entamer la grande recherche formelle qui va occuper toute son existence. Libérée des différents diktats éditoriaux, Virginia peut se consacrer en paix à une expérience qui, ailleurs qu'à la Hogarth Press, n'aurait pas manqué de susciter quelques grincements de dents. En créant sa propre maison d'édition, Leonard Woolf offre à sa femme ce dont elle rêvait : l'indépendance. Non au sein de son propre couple mais au cœur de la vie littéraire. Grâce à son mari, Virginia se libère des dernières chaînes qui la lient encore à son demi-frère Gerald qui a publié *La Traversée des apparences* pour entreprendre sa propre traversée en toute liberté. Un voyage au cours duquel elle sera épaulée sans relâche par cet homme qui par amour pour elle endossera tous les rôles. Celui de mari, de père, de médecin, d'infirmier mais aussi d'éditeur. Dès qu'elle termine un livre, éperdue de doutes et d'angoisses, c'est toujours vers Leonard que Virginia se tourne. Il lit toujours avec la même attention, comme si c'était la première fois. Et quand le verdict tombe c'est chaque fois pour saluer un chef-d'œuvre. Leonard ne se trompe guère. Il est le premier à avoir entrevu le génie littéraire de sa femme qu'il pense être la plus grande romancière anglaise de son temps. Le premier aussi à avoir compris et à lui avoir offert ce dont elle avait impérieusement besoin : la sécurité. Plus tard dans *Les Vagues* Virginia écrira cette phrase qui ressemble si fort à un aveu : « Les poètes ont besoin de sécurité : ils ont besoin d'une femme qui reste assise à coudre, qui aime ou qui hait passionnément, qui n'est ni particulièrement agréable, ni particulièrement riche, mais qui s'accorde par certaines de ses qualités à cette simple et haute beauté, à ce grand style que les poètes préfèrent à tout. » Grâce à Leonard, à son esprit de sacrifice et d'abnégation, Virginia Woolf peut désormais se consacrer entièrement à l'élaboration de son œuvre.

Éditeur, infirmier, mari, tuteur donc : Leonard Woolf endosse ces rôles avec une dextérité peu commune. Présent sur tous les fronts, cet homme qui organise avec méthode la vie entière de sa femme a suscité de nombreuses interprétations. Geôlier et censeur pour les uns, père et Pygmalion pour les autres. Leonard Woolf est tout cela et son contraire à la fois. Comme Virginia, il est un et multiple. Vouloir l'enfermer dans un personnage est aussi illusoire que réduire Virginia Woolf à sa stricte légende. La question de l'identité est au cœur de l'œuvre de sa femme qui ne cesse de réaffirmer que le moi est multiple. Chaque individu est composé d'une myriade de facettes. D'où la difficulté de connaître les êtres qui revient comme un leitmotiv sous sa plume. D'où également celle d'écrire des biographies. La fascination de Virginia Woolf pour la vie d'autrui remonte à l'enfance. C'est d'abord en tant que lectrice qu'elle aborde la biographie. Ce sera ensuite en tant qu'écrivain. Comment parvenir à raconter la vie d'un individu sans se cantonner aux faits marquants de son existence ? Comment rendre compte de l'intégralité de sa personnalité ? Comment capter ce qui est par définition insaisissable : l'essence d'un être ? Virginia aime les paris et entend révolutionner ce genre souvent empesé dont ses contemporains sont friands.

Une biographie est considérée comme complète lorsqu'elle rend compte simplement de cinq ou six moi, alors qu'un être humain peut en avoir cinq ou six mille.

Forte de cette conviction, la romancière écrit *Orlando,* une biographie fictive inspirée par son amie Vita Sackville-West qui révèle que toute catégorisation est illusoire y compris celle du masculin et du féminin. Comment prétendre enfermer ensuite dans des blocs monolithiques deux êtres aussi complexes que Leonard Woolf et sa femme ? Comment s'autoriser le droit de trancher en faveur de l'un ou de l'autre ? Non, Leonard Woolf n'est pas ce bourreau dénoncé par une certaine mouvance féministe. Pas plus que Virginia n'est une victime consentante. Le mari veille à une organisation drastique de la vie de sa femme où seront comptabilisés temps d'écriture et temps de repos, Virginia l'accepte. Virginia impose à son mari des crises de démence d'une grande violence, Leonard l'accepte. Chacun a trouvé en l'autre le partenaire correspondant à un scénario privé dont la complexité dépasse sans doute les explications généralement avancées. Pour preuve, cette phrase de Virginia qui met à mal l'image d'Épinal de la jeune femme fragile : « Mon seul héroïsme est de laisser croire aux gens qu'il faut me dorloter afin d'apaiser les manies de vieille fille de Leonard. » Qui tire les ficelles de cette pantomime ? Où commence et où finit ce jeu moins innocent qu'il n'y paraît ? Qui mène la danse ? Seuls les protagonistes le savent. Si Virginia a toute sa vie souffert de sa maladie, elle a bien conscience aussi de ce qu'elle lui autorise. La grande force de ce papillon de verre, c'est sa fragilité. Certes, Virginia est malade mais elle sait aussi jouer le rôle qu'on lui a assigné. Si elle se plie aux exigences de Leonard, c'est parce qu'il lui permet d'accomplir son œuvre. Si Leonard accepte la vie chaotique due à l'état de santé de sa femme, c'est parce qu'il a conscience de vivre aux côtés d'un génie. Chacun mesure son sacrifice à l'aune du bénéfice qu'il en retire. Ce que Virginia évalue moins, en revanche, c'est l'influence que son mari aura sur elle et sur ses futurs lecteurs. En 1913, bien que Leonard évite à sa femme l'internement, il ne tarde pas aussi à la convaincre qu'elle est un écrivain malade. Désormais le mode de vie qu'il lui impose et le regard que les autres portent sur elle rangent définitivement Virginia Woolf dans la catégorie des êtres à part.

C'est le début d'une légende qui prend corps malgré elle et contre laquelle elle ne se rebelle pas. Ce que les autres appellent déjà sa « bizarrerie », son « obscurité », sans qu'elle envisage alors le tort que cette réputation fera plus tard à son œuvre. Aujourd'hui encore force est de constater que Virginia Woolf n'a pas bonne réputation. Comme si les travers que l'on attribuait à son caractère pouvaient contaminer son œuvre. Comme si son suicide achevait de jeter un voile noir sur sa personne que l'on connaît finalement mal mais dont on préfère se détourner. Le beau film de Stephen Daldry, *The Hours*, s'il a le mérite d'avoir récemment donné à beaucoup l'envie de lire ou de relire *Mrs Dalloway*, n'a fait qu'accentuer le mythe woolfien. En mettant en scène une journée de Virginia à Richmond, le réalisateur a privilégié une fois encore une période particulièrement sombre de la vie de cette femme dont on oublie qu'elle savait aussi être drôle, vive et gaie. De son enfance, on ne retient jamais que les sévices sexuels à l'origine de ses premiers troubles du comportement afin de prouver l'inéluctabilité de son suicide. Pourtant Virginia Woolf était aussi une enfant drôle qui n'aimait rien tant qu'amuser la galerie. Un trait de caractère qu'elle a gardé tout au long de son existence et qui faisait, entre autres, que ses amis la trouvaient irrésistible. Même dans les périodes les plus dramatiques de son existence, elle était capable de faire rire aux larmes toute une assemblée par son sens de la mise en scène et de la théâtralité. Elle avait cette faculté rare de dissocier son moi social de son moi profond et de se montrer le plus souvent sous un jour fantasque et enjoué. Néanmoins on préfère retenir la noirceur de ce personnage dont la légende doit beaucoup à l'épisode Richmond qui fut effectivement l'un des plus sombres de toute son existence. Or, si Virginia a tant souffert dans cette banlieue de Londres, c'est précisément parce qu'elle était l'antithèse de ce qu'elle aimait plus que tout : la vie.

En 1915, tandis que l'Angleterre vient de rentrer en guerre, le couple Woolf se bat sur un tout autre front, celui de la santé mentale de Virginia. Devant l'aggravation de l'état de sa femme Leonard décide de s'éloigner de Londres pour emménager définitivement à Richmond, banlieue chic où ils occupent déjà un pied-à-terre. La perspective de quitter la capitale est loin d'enthousiasmer Virginia, mais comme toujours la jeune femme se plie aux exigences de ce mari qui prétend savoir mieux que quiconque ce qui est bon pour elle. À la fin du mois de mars le couple s'installe donc dans une jolie maison du XVIIIᵉ siècle qui donnera son nom à leur maison d'édition : la Hogarth House. Dans les premiers temps Virginia fait des efforts notables pour accepter le sort que lui a réservé son mari. Elle s'essaie à des occupations ordinaires, prend des cours de cui-

sine et tente doucement de renouer avec une vie normale. Mais le cœur n'y est pas. Une fois encore son
Journal est une manière de se convaincre d'un bonheur qui ne trompe personne.

J'ai pris conscience d'être très heureuse [dit-elle comme
pour s'en persuader], bien que privée de toutes les choses excitantes qui autrefois me paraissaient constituer le bonheur.

À dire vrai, Virginia s'ennuie dans cette retraite
forcée. Loin de Londres et de ses plaisirs elle
s'étiole de jour en jour tandis que la maladie gagne
du terrain. Contrairement à ses pronostics, Leonard est forcé de constater que l'état de sa femme
ne s'arrange guère. Ne sachant plus à quel saint se
vouer il durcit encore sa surveillance. Virginia n'a
plus droit qu'à une heure d'écriture par jour sans
compter les moments consacrés à son Journal. Isolée dans cette campagne qui ressemble à un couvent, elle ne parvient plus à faire face. Consciente
de l'aggravation de son état, Virginia entame en
1918 la rédaction d'un deuxième roman intitulé
Nuit et Jour dans le but avoué de tenir la maladie
à distance. C'est pour elle une gageure que de ne
pas sombrer dans la démence. Elle écrit dans les
rares moments de lucidité qu'il lui reste, la plupart
du temps allongée. Quand Leonard rentre dans sa
chambre, comme une enfant elle dissimule ses
notes, et tente de contenir l'excitation que lui cau-
sent les perspectives littéraires qu'elle entrevoit. La
vie de Virginia Woolf à Richmond ressemble à un
long calvaire auquel elle ne voit qu'un seul avan-

tage : pouvoir se consacrer à son œuvre. Ce n'est qu'en 1919 qu'elle commence à émerger de trois longues années de lutte contre la maladie. Le constat qu'elle fait alors de son existence est des plus mitigés. À Hogarth House la romancière tente de se donner l'illusion du bonheur, mais certaines pages de son Journal de ces années-là ne trompent guère. Virginia se sent « enchaînée à un rocher, contrainte à l'inaction, condamnée à laisser chaque souci, chaque rancœur, irritation ou obsession (l')attaquer bec et ongles et revenir à la charge ». Alors que son mari a tout organisé pour que dans cette retraite paisible la romancière puisse se consacrer à son œuvre, la jeune femme tourne en rond comme un écureuil en cage. « Leonard a fait de moi une invalide comateuse », écrit-elle alors. Son désespoir, contenu les premières années, finit peu à peu par éclater. Londres lui manque. Elle a besoin de vie, de divertissement, de sorties. Autant Leonard se plaît à l'abri du monde et du genre humain, autant Virginia s'étiole. Comme Bernard dans *Les Vagues*, elle a besoin du regard d'autrui : « J'ai besoin d'un auditoire. C'est là ma faiblesse. » Dans un moment de révolte elle écrit cette confession, véritable cri de détresse :

Personne dans tout le Sussex n'est aussi malheureux que moi, ni à ce point conscient d'une capacité illimitée de plaisir accumulé en moi, si seulement j'avais la possibilité de l'utiliser.

L'enfer de Virginia à Richmond est pavé des bonnes intentions de Leonard. En l'éloignant de

Londres et de ses plaisirs, en restreignant son temps d'écriture et de lecture, en surveillant la fréquence de ses promenades, Leonard croit panser les maux de sa femme. Il ne fait que les aggraver. À cette période le thème de l'enfermement revient comme un leitmotiv sous la plume de Virginia. Tandis qu'elle reste allongée souvent dans le noir des heures entières, la triste captive rêve de soleil et d'évasion. De cocktails et de mondanités. De promenades sans fin dont elle reviendrait « sale et tout en feu (...) mais le cerveau reposé, imprégné de douce lavande, assaini et frais ». Au lieu de cela elle n'a d'autre recours que de se confier à son Journal. Il se nourrit selon son propre aveu de l'indigence de sa vie sociale. Il se fait aussi l'écho sporadique d'une révolte qui couve en secret. Mais Virginia ne se rebelle jamais très longtemps contre sa condition. Comme tout un chacun elle est persuadée de l'extraordinaire patience de Leonard. Aussi dès qu'elle s'autorise à laisser s'exprimer sa colère, elle culpabilise aussitôt : « J'entends le va-et-vient de la tondeuse que le pauvre L. promène sur le gazon, écrit-elle après une dispute. Une épouse comme moi devrait avoir un verrou à sa cage. Elle mord. Lui qui a passé toute sa journée d'hier à courir tout Londres pour moi. » Virginia étouffe dans sa cage dorée de Richmond, mais paradoxalement c'est là qu'aura lieu son envolée littéraire. Comme si entre deux épisodes de démence la romancière avait rassemblé tout ce qu'il lui restait de force pour poser les jalons essentiels de son œuvre à venir. « Dans l'ensemble je vois à quoi je veux arriver », note-t-elle alors dans son Journal. Jamais Virginia n'a été aussi fragile. Jamais non plus elle n'a été aussi forte. Leonard a le don de l'inhiber, mais aussi celui de la galvaniser.

Avoir son propre éditeur à domicile présente des avantages dont la romancière ne va pas tarder à mesurer l'ampleur. En 1919, la Hogarth Press publie une nouvelle de Virginia Woolf intitulée *Kew Gardens* à laquelle le supplément littéraire du *Times* consacre un article fort élogieux. Dans les jours qui suivent les Woolf trouvent à leur retour de week-end des piles de commandes entassées sur le paillasson de la Hogarth House. Ils passent la soirée à les décacheter les unes après les autres dans un état d'excitation extrême. La réimpression s'impose : c'est le début du succès. Désormais plus rien ne saura arrêter Virginia Woolf qui sans le savoir vient de se faire un nom. Au cours des mois suivants la romancière, galvanisée par cette reconnaissance inattendue, redouble d'ardeur à la tâche. Le 10 avril 1920, elle décide de s'atteler à un roman pour lequel elle envisage une forme nouvelle — *La Chambre de Jacob* — tout en honorant les commandes de critiques passées par le *Times Literary Supplement*. Le planning de travail qu'elle s'impose alors lui permet d'attendre sans trop d'appréhension l'accueil réservé à *Nuit et Jour*. Clive Bell et Vanessa ont beau louer les qualités de ce deuxième roman, Virginia, elle, semble moins convaincue de sa réussite. Mais ces doutes ne suffisent pas à entamer le formidable élan que lui a insufflé ce début de réussite. À dater de cette période la romancière va commencer à s'interroger sur un phénomène nouveau pour elle : la renommée. Le 6 mars 1921 elle note dans son Journal : « Je commence à être assez connue. » Mais le mois suivant la relative indifférence manifestée par la critique à l'égard de son deuxième roman lui donne le sentiment d'être « démodée, vieille, incapable d'aucun progrès ». Pour cette femme qui entend révolutionner l'art du roman, chaque nouveau livre est un pari dont elle attend qu'il soit compris. La moindre restriction, le moindre doute, et Virginia se retrouve anéantie. Avec le début du succès Virginia Woolf découvre aussi son extrême vulnérabilité à la critique. Dans son Journal l'accueil reçu par chacun de ses livres est longuement analysé. Rien n'échappe à sa sagacité. Ni l'article de complaisance ni le compliment forcé. Virginia décrypte tout. Son analyse aussi fine que poussée ne lui permet pas pour autant de prendre le recul nécessaire. Son appréhension face au jugement des autres est telle qu'elle n'a de cesse de prévoir le sort réservé à ses livres, espérant ainsi se prémunir des éventuelles attaques. Rien n'apaise jamais Virginia Woolf. Ni le succès ni la renommée dont elle mesure très vite les dangers. C'est à cette même période que la romancière commence à déceler les prémices d'un malentendu qui ira crescendo au fil de son existence. Virginia Woolf veut être aimée pour ce qu'elle écrit, pas pour cette image erronée dont on l'affuble déjà et en laquelle elle ne se reconnaît pas. En 1922, elle note à regret dans son Journal :

> Le seul intérêt que l'on me porte en tant qu'écrivain provient, je commence à m'en rendre compte, de ma bizarre personnalité.

C'est la rançon de la gloire. Le début de la légende. Celle qui ne veut voir en Virginia qu'une femme mélancolique et suicidaire. Fragile et coupée du monde. Fantasque et instable. À près de quarante ans pourtant Virginia se révèle plus déterminée que jamais à mener à bien ses projets sans jamais se laisser détourner des objectifs qu'elle s'est fixés. Ce troisième roman dont elle revendique le caractère expérimental en est la preuve. Avec *La Chambre de Jacob* Virginia affirme : « Je commence enfin à m'exprimer d'une manière personnelle. » Le 15 novembre 1921 elle vient tout juste de mettre un point final à ce livre dont l'ambition traduit bien le sentiment de puissance qui est alors le sien. En 1922, c'est avec une détermination toute nouvelle qu'elle note : « Je n'écrirai que ce qui me plaît, qu'on en pense ce que l'on voudra. » Désormais la romancière ne transigera sur rien. Elle sait ce qu'elle veut faire et son mari lui en donne les moyens. Leonard de son côté n'est pas en reste. Rédacteur en chef de *Guerre et Paix* en 1916, il dirige dès 1923 les pages littéraires de *The Nation*. Dans le monde littéraire britannique des années vingt, le couple Woolf est devenu incontournable. Pour preuve certaines mauvaises langues qui n'hésitent pas à les surnommer les *woolves*. En anglais : les loups. Outre-Manche comme ailleurs, la réussite agace. Grâce à la Hogarth Press, Virginia et Leonard ont tout. La liberté, la reconnaissance et le succès. Que reste-t-il à leurs détracteurs ? La maladie de Virginia. Elle alimentera les ragots. À défaut de parler de l'œuvre on déviera la conversation sur l'étrangeté de l'auteur. La légende est en route. Il faut dire que Leonard a largement préparé le terrain. Sa créature si frêle, si fragile, si inquiétante en prenant son envol devient la proie des esprits malveillants. Côté scène, les années vingt sont celles de l'éclosion d'un écrivain ; côté coulisses, la vie privée reste en jachère.

En 1919, Virginia revendique trop haut et trop fort son bonheur pour être tout à fait crédible. Mais c'est précisément dans ces moments-là qu'elle est le plus émouvante. Quand elle note dans son Journal : « Nous sommes le couple le plus heureux d'Angleterre » alors que tout crie le contraire. Le plus uni sans doute. Le plus complémentaire aussi. Quant au bonheur… Si l'année 1919 a été très fructueuse du point de vue professionnel, il en va tout autrement dans le domaine privé. On a beaucoup parlé de la froideur, voire de la frigidité de Virginia Woolf. C'est Clive Bell, le mari de Vanessa, qui a contribué le premier à donner de la jeune fille qu'était alors Virginia une image éthérée. La pureté de son visage qu'elle doit à sa mère autorise en partie ce qualificatif, mais il faut surtout voir dans ce que le jeune homme appellera plus tard le « virginisme » l'expression de son propre fantasme. C'est surtout parce que la jeune fille lui résiste qu'il se plaît à ironiser sur sa chasteté et sa froideur. Quelques années plus tard son flirt avec la sœur de celle qui est entre-temps devenue sa femme lui permettra de réviser son jugement. Pour l'heure, intellectuellement, l'entente des Woolf est au beau fixe, mais il semble qu'il n'en soit pas de même sexuellement. Dès le début Virginia ne cache pas le peu d'attirance que lui inspire son futur mari mais ne renonce pas pour autant à partager sa vie. Comme si cette femme jeune et attirante avait depuis longtemps fait une croix sur la question. Peut-être depuis Talland House, à la suite des attouchements de Gerald. Peut-être depuis l'adolescence, à la suite de l'initiation sexuelle forcée de George. Toujours est-il qu'à Bloomsbury déjà elle paraissait soulagée par la composante majoritaire d'homosexuels. Aucun risque par conséquent de dérapages sexuels. Avec Leonard la sexualité semble d'emblée s'engager vers une voie sans issue. D'ailleurs Virginia ne fait pas mystère du peu de désir qu'éveille en elle son futur mari. Lors de leur voyage de noces en Espagne, elle passe le plus clair de son temps à lire et à s'enthousiasmer pour les auteurs russes. Comme toujours aussi elle écrit à sa sœur et les confidences qu'elle lui fait sur la question permettent d'imaginer que sur le chapitre de la sexualité l'entente des Woolf laisse à désirer. Dans une lettre à son mari, Vanessa se montre fort explicite quant au comportement de sa sœur :

> J'ai consolé Leonard en disant que, selon moi, Virginia n'avait jamais compris ni sympathisé avec la passion sexuelle chez les hommes. Apparemment, l'acte ne lui procure toujours aucun plaisir, ce que je trouve curieux.

Étant donné les relations complexes des deux sœurs, ce témoignage doit être considéré avec circonspection. Ce que Vanessa souligne surtout c'est la froideur du tempérament de sa sœur qu'elle compare comme toujours au sien. Cela ne suffit pas pour conclure à la frigidité de Virginia si souvent mise en avant. Une chose est certaine : les témoignages s'accordent pour souligner la mésentente sexuelle du couple qui finit par reléguer au second plan cet aspect de leur vie privée. Une attitude d'évitement à laquelle Virginia souscrit depuis de nombreuses années et que Leonard supporte tant bien que mal par amour pour son génie. Dans une lettre à son amie Ethel Smyth, Virginia fera cette étonnante confession : « J'ai toujours été lâche sexuellement. Ma terreur de la vie m'a maintenue dans un couvent. » Une attitude qu'expliquent aisément les sévices de l'enfance mais aussi les préférences sexuelles. Comme Mrs Dalloway, Virginia semble beaucoup plus troublée par les femmes que par les hommes. Dans son Journal, elle écrit cette phrase révélatrice que Leonard se hâtera de censurer : « Avoir des amitiés avec des femmes m'intéresse. »

L'attirance de Virginia pour les femmes apparaît dès l'adolescence. Vraisemblablement après le décès de Julia. D'après Quentin Bell, Madge Symonds « fut la première femme à capturer son cœur ». En 1900, la jeune femme a trente et un ans et la tante de Quentin dix-huit. Virginia est immédiatement fascinée par cette jeune fille non conventionnelle qui nourrit de grandes ambitions littéraires. La fille de l'écrivain John Addington Symonds, en sus d'être une beauté ardente, a déjà publié un livre. Virginia la prend aussitôt comme modèle. Plus tard elle sera affligée de voir combien le mariage a peu réussi à la jeune femme qu'elle reléguera désormais au rang des anciennes amies. Les amitiés féminines de Virginia sont à cette époque nombreuses, mais elles restent pour la plupart platoniques. Ce sont des relations avec des femmes généralement plus âgées, auprès desquelles Virginia trouve à la fois une stimulation érotique et un réconfort maternel. Parmi elles, Janet Case, préceptrice qui vient quotidiennement au 22 Hyde Park Gate et qui a trente-huit ans, Violet Dickinson qui en a trente-cinq mais aussi Kitty Maxse, une jeune bourgeoise qui ne pourra jamais admettre que Virginia quitte le quartier chic de Kensington pour la bohème répréhensible de Bloomsbury. Aucune de ces relations ne durera longtemps hormis celle que Virginia entretient avec Violet Dickinson. Auprès de cette femme Virginia trouvera non seulement un substitut maternel mais aussi un guide littéraire. Après Violet, dont Virginia se détachera dès qu'elle ne lui sera plus indispensable, la romancière ne s'intéressera plus qu'à des femmes qui partagent sa passion des lettres. En

1919, sa relation avec la romancière Katherine Mansfield bat son plein. Les deux femmes se sont rencontrées deux ans plus tôt par l'entremise conjuguée d'Ottoline Morrel et de Lytton Strachey. Ottoline fait lire à Katherine le premier roman de Virginia, suscitant chez la romancière un désir de rencontrer la jeune femme aussitôt assorti d'un sentiment de rivalité. Lytton de son côté vante à Virginia les qualités de Katherine sans oublier de mentionner quelques-uns de ses menus défauts. Il n'en fallait pas plus pour mettre le feu aux poudres. La première rencontre a lieu dans un contexte professionnel. Elle est provoquée par Virginia pour qui Katherine Mansfield est d'abord un auteur potentiel pour la Hogarth Press. Chacune entend mesurer le talent de l'autre. Les rapports houleux que les deux femmes entretiendront pendant les six ans que durera leur relation s'inscrivent d'emblée sous le signe d'une rivalité littéraire dont le Journal de Virginia donne un aperçu aussi drôle que cinglant. Dès les toutes premières pages, la romancière raconte qu'elle vient de terminer le dernier livre de Katherine Mansfield et note avec une jubilation féroce : « Elle est finie. » Le ton est donné. En réalité c'est Katherine qui a lancé le coup d'envoi des hostilités en éreintant *Nuit et Jour*, second roman de Virginia, qu'elle juge démodé. Virginia, toujours très sensible à la critique, est anéantie par ce jugement péremptoire. À son tour elle estime que *Félicité*, dernier roman de Katherine, « est un livre pauvre et bon marché », se complaisant dans « des coquetteries de surface ». Désormais la question de la modernité sera au centre de leur débat passionné. Si les avis divergent entre ces deux romancières qui entendent explorer chacune à sa manière les tréfonds de la conscience, ni l'une ni l'autre ne désarment jamais. C'est parce qu'elles éprouvent l'une pour l'autre une réelle admiration que la relation de ces deux monstres sacrés de la littérature anglaise sera aussi conflictuelle que riche. Que Katherine montre son intérêt pour Joyce et aussitôt Virginia se replonge dans la lecture de ce gros livre refusé par la Hogarth Press. L'influence de Katherine sur Virginia sera considérable, mais les deux femmes se ressemblent trop pour que leur relation soit harmonieuse. Katherine n'a que six ans de moins que Virginia. Comme elle, elle est mariée, n'a pas d'enfants et a perdu un frère qu'elle adorait. Comme elle, elle manifeste un acharnement au travail proche de la dévotion. En revanche, côté vie privée, les deux femmes sont farouchement opposées. Autant la première est connue pour son tempérament aventureux en matière de sexe, autant la seconde est inhibée. Dans les années vingt, les Woolf rendent souvent visite à Katherine et à son mari John Middleton Murry. Mais l'alchimie ne prend pas et Virginia s'arrange pour se retrouver le plus souvent possible en tête à tête avec son amie. L'une et l'autre ont fait de la littérature le centre de leur vie et passent des heures enflammées à parler du métier d'écrire. Pourtant le comportement de Katherine est étrange. Imprévisible. Difficile. La phtisie qu'elle a contractée et qui gagne du terrain n'arrange vraisemblablement pas les choses. Virginia, bien placée pour connaître les ravages de la maladie sur le comportement, ne semble pas mesurer à quel point les souffrances de Katherine perturbent leur relation. Alors qu'elle est de plus en plus attachée à cette femme, leurs rapports se distendent et Virginia note à regret que leur amitié « est presque entièrement fondée sur des sables mouvants ». Le 9 janvier 1923, Katherine Mansfield s'éteint à l'âge de trente-cinq ans, laissant son amie inconsolable. Virginia aurait voulu poursuivre avec elle ce dialogue si fécond. Elle aurait voulu lui montrer de quoi elle était capable. La mort en lui ôtant une amie précieuse lui vole aussi sa plus grande rivale. Elle qui jalousait tant les succès littéraires de Katherine et qui rêvait d'« être la seule femme qui sache écrire » se retrouve fort dépourvue d'être ainsi subitement privée de sa meilleure ennemie. Dans son Journal, elle écrira cette phrase, preuve de l'importance d'une relation qui devait perdurer par-delà la mort : « Parfois nous nous regardions avec insistance, comme si nous avions atteint une relation durable, indépendante des variations du corps. » Quelques années plus tard, elle parlera de cette femme avec qui elle a le sentiment de ne pas avoir eu le temps de partager tout ce qui aurait dû l'être à une nouvelle amie tout aussi importante dans son existence : Vita Sackville-West. Avec Katherine Virginia a fait l'expérience d'une vie scindée en deux. D'un côté son mariage avec un homme qui la sécurise et la normalise aux yeux du monde. De l'autre son jardin secret qu'elle partagera avec les différentes muses de son existence. Si l'amitié de Virginia pour Katherine Mansfield tenait plus du flirt que de la passion, il en sera tout autrement avec Vita Sackville-West.

La jeune femme fait irruption dans la vie de Virginia à la suite du décès de Katherine. Une place est libre dans son cœur, même si personne ne remplacera jamais tout à fait l'absente. Comme tout un chacun, Virginia n'ignore rien de l'homosexualité de Vita. Ses cheveux courts, sa tenue masculine, son comportement disent d'emblée sa préférence pour les femmes. Virginia fait sa connaissance en 1922, grâce à Clive Bell, et l'invite à dîner avec son mari à la Hogarth House. Brillant diplomate, Harold Nicolson ne fait pas plus mystère de son homosexualité que sa femme. Le couple vit dans la plus grande liberté. Vita tombe aussitôt sous le charme de Virginia. Son intelligence la captive. Son émouvante fragilité lui donne envie de la protéger. Virginia quant à elle est partagée. D'un côté l'allure masculine de cette romancière alors beaucoup plus populaire qu'elle lui déplaît. De l'autre ses illustres ancêtres et les légendes qu'ils continuent d'alimenter la fascinent. Vita lui offrira un exemplaire de *Knole et les Sackville* qui contribuera à entretenir sa rêverie sur cette famille romanesque. Nommés comtes de Dorset au XVIᵉ siècle, les aïeux de celle qui va devenir sa plus grande amie ont à leur actif autant de scandales que d'exploits. Virginia ne tombe pas d'abord amoureuse de Vita mais de ce passé prestigieux qui a le don d'enflammer son imagination. Pour cette romancière si souvent diminuée par la maladie, la vie aventureuse de cette femme qui multiplie les conquêtes a quelque chose d'extraordinairement romanesque. Très vite, elle et son mari voient en Vita un futur auteur pour la Hogarth Press. Virginia lui commande une première nouvelle sans se douter à quel point cette collaboration se révélera fructueuse. En effet, dès 1930 son roman intitulé *Les Édouardiens* deviendra un best-seller. La double vie de Vita Sackville-West diffère en bien des points de celle que va mener en secret bon an mal an Virginia. Bien que mariée, Vita, même si elle n'en fait pas état, ne cache pas non plus son « lesbianisme ». Un mot que Virginia a en horreur et dans lequel elle ne se reconnaît pas. Tout ce qui a le don d'enfermer l'individu la rebute. L'institution du mariage tout comme le milieu des femmes dans lequel Vita tente de l'entraîner. Virginia refuse les étiquettes et les querelles de clocher. Pour cette femme éprise de liberté, le lesbianisme ne correspond ni à une catégorie à rejoindre ni à une identité politique. La singularité de Virginia tient dans sa volonté de ne jamais trancher entre les différentes identités qui la constituent. Elle ne se considère ni comme une épouse ordinaire ni comme une saphiste, terme qu'elle préfère à celui de lesbienne. En revanche, elle se reconnaît comme une femme « très mélangée ». Vita, si elle aime les femmes, ne fait pas non plus de cette préférence un fer de lance. Une attitude qui convient parfaitement à Virginia qui toute sa vie s'arrangera pour que ses amitiés féminines ne puissent jamais être clairement définies. Rester dans le flou lui permet d'échapper à toute tentative de catégorisation tout en préservant son mariage. En 1926, la relation des deux femmes prend une tournure plus passionnée. Cette évolution ne remet pas pour autant en question leurs mariages respectifs. Le couple de Vita et Harold repose sur une liberté mutuelle, celui de son amie sur une complémentarité qui explique sa longévité. Pour preuve cette lettre dans laquelle Virginia ironise quant à leur situation mutuelle : « Dans tout Londres, vous et moi sommes les seules femmes à être contentes de leur mariage. » La grande différence c'est que si Vita peut se passer de son mari, Virginia, elle, ne le peut pas. Même si dans les livres comme dans la vie Virginia s'efforce de maintenir l'ambiguïté sur la véritable nature de ses amitiés féminines, celle qu'elle éprouve pour Vita ne fait pas l'ombre d'un doute. C'est en 1925, lors d'un voyage à Long Barn, que débute véritablement la liaison de Virginia avec cette femme auprès de laquelle elle se sent « vierge et timide comme une écolière ». Les mots qu'elle emploiera à l'issue de leur première nuit — « ces Saphistes aiment vraiment les femmes » — permettent de penser à une révélation. Et ce d'autant que de nombreux documents révèlent que sur le plan sexuel le mariage des Woolf est un véritable fiasco. Pour Virginia depuis toujours les hommes sont des êtres possessifs et sans mystère tandis que les femmes permettent de « plonger aussitôt dans le crépuscule silencieux ». Avec Vita, tout porte à croire que Virginia découvre les plaisirs jusqu'alors ignorés de la chair. L'année suivante, le voyage de Vita en Perse affecte beaucoup Virginia dont les symptômes dépressifs resurgissent. Les deux femmes vont s'écrire presque quotidiennement des lettres enflammées qui ne font qu'attiser leur passion. À son retour Vita offre à son amie un petit épagneul surnommé Pinker qui lui servira de modèle pour *Flush*. Dans ce roman publié en 1932, Virginia s'amusera à raconter l'histoire mythique du couple d'Elizabeth Barrett et de Robert Browning à travers les yeux du petit chien. Mais Vita commence à délaisser Virginia pour de nouvelles compagnes. Folle de douleur, cette dernière entrevoit la perspective d'un nouveau livre fort différent du reste de son œuvre. Il s'agit d'« une biographie qui commence en 1500 (…) intitulée *Orlando*. Vita mais avec un changement de sexe en cours de route ». Le projet ravit celle qui lui prête sa silhouette androgyne et rallume un court instant sa flamme pour cette romancière qui a décidé de la mettre en scène. En mars 1928, Virginia met un point final à son manuscrit et les deux femmes à leur relation. C'est au cours d'un voyage en Bourgogne pendant lequel Virginia ne cessera de se reprocher d'avoir abandonné Leonard que leurs liens finiront de se distendre. À leur retour en Angleterre, les deux femmes continueront à se fréquenter mais cette fois en toute amitié.

C'est Vita qui parlera à Virginia de celle qui allait être la dernière grande amie de sa vie. En 1930, Ethel Smyth a près de soixante-douze ans mais semble comme toujours au mieux de sa forme. Virginia en a quarante-huit mais se sent déjà vieille. Dans le monde des lettres comme dans celui de la musique l'une et l'autre sont des personnalités connues. Si on admire et redoute quelque peu Virginia Woolf, on se moque ouvertement de celle qu'on appelle Dame Ethel. C'est une femme seule, compositeur de son état, dont beaucoup raillent en secret le comportement excentrique et l'allure singulière. Virginia, la voyant pour la première fois à la sortie d'un concert, ne l'épargne guère : elle la décrit comme une créature étrange « en manteau, jupe et guêtres, parlant à tue-tête » et dont on s'aperçoit de près « qu'elle est toute ridée et ratatinée (avec des) yeux tout bleus au bord des joues ». Vita n'est guère plus tendre qui souligne à l'envi le ridicule de son accoutrement auquel son cornet acoustique vient apporter la touche finale. Autant Vita est apparue dans la vie de Virginia telle une héroïne de roman, autant Ethel semble tout droit sortie de la plus franche comédie. Son grand âge, ses manies excentriques, son verbe déclamatoire, tout contribue à faire de cette femme un personnage de théâtre. Virginia ne rate pas une occasion de se moquer de ce « drôle de vieil oiseau » qui se prête tant à la caricature, mais elle ne manque pas d'être intriguée par cette femme qui a fait de sa vie un combat permanent. Ethel Smyth fait partie de ces pionnières héroïques du mouvement féministe dont Virginia admire en secret les actions. Et ce d'autant qu'elle n'est pas sans savoir que ses engagements ont valu à son amie quelques mois d'emprisonnement. Ce que Virginia aime chez cette femme bien plus âgée qu'elle, c'est son énergie, sa robustesse, sa ténacité. Autant de qualités dont elle-même se sent dépourvue, notamment en ce mois de février 1930, date à laquelle les deux femmes se rencontrent, et qui la trouve une fois encore aux prises avec la maladie. À la fois musicienne et femme de lettres, Ethel anime à cette époque une émission de radio. C'est donc tout naturellement qu'elle invite Virginia à venir parler de son dernier livre : *Une chambre à soi*. Un essai dont la veine féministe va préfigurer de manière symbolique l'essentiel de leur relation. En effet, dès l'année suivante, cette femme aussi combative qu'obstinée entraîne Virginia dans son sillage pour une conférence en duo à la London Society for Women's Service. L'humour d'Ethel contribue au succès de cette entreprise qui marque profondément Virginia. Dans la salle, parmi les nombreux invités : Vanessa et son beau-frère. Leonard ne partage pas l'engouement de Virginia pour Dame Smyth qui le lui rend bien en soulignant à l'envi qu'« il a tout d'un abricot australien séché ». En revanche elle ne tarit pas d'éloges sur sa femme qu'elle a vraisemblablement percée à jour mieux que quiconque et dont elle est éperdument amoureuse. La réciproque n'est pas vraie. Même si Virginia tolère la passion souvent embarrassante qu'Ethel lui témoigne, elle ne l'encourage pas. Leur relation restera platonique, ce qui n'empêchera pas Virginia de se sentir profondément liée à cette femme et de lui déclarer ses sentiments : « Vous êtes, je crois, l'une des femmes le plus généreuses, l'une des plus équilibrées, avec cette qualité maternelle dont j'ai tant besoin et que j'adore plus que tout. » À défaut d'être celle que Virginia aime le plus, Ethel est celle qui la connaît le mieux. Autant la musicienne est spontanée, combative et implacable, autant Virginia est mystérieuse, complexe, souvent tiraillée entre des désirs contradictoires. Pourtant avec son amie, celle qui dans ses livres comme dans sa vie semble avoir fait vœu d'en révéler le moins possible s'autorise à baisser la garde. Les lettres de Virginia à Ethel regorgent de confidences qui en disent long sur l'échec non pas de sa vie avec Leonard mais de leur relation sexuelle. Virginia n'en tire aucun ressentiment mais se livre à une analyse lucide de sa situation de couple. À cette femme que d'aucuns considèrent comme la caricature type de la lesbienne elle fait cet aveu sans équivoque :

Je ne cherche qu'à éblouir les femmes (...) Seules les femmes provoquent mon imagination.

De fait Virginia Woolf écrit *Mrs Dalloway* dans l'espoir secret d'éblouir Katherine Mansfield qui s'éteint avant même d'avoir pu le lire, puis elle se lance trois ans plus tard dans les tribulations d'*Orlando* avec l'intention cette fois de reconquérir Vita Sackville-West et pour finir offre à son amie Ethel Smyth, si friande de confidences, son récit autobiographique. Certes, Ethel n'a pas ce don qu'avait Katherine ou Vita d'attiser son désir, pas plus que celui d'enflammer son imagination. Sa propension à l'égotisme en revanche ne laisse pas Virginia insensible. Pour cette femme qui a tant besoin d'être aimée et qui confie à son Journal combien elle s'intéresse à elle-même, les lettres pénétrantes d'Ethel qui analyse, décortique et commente son comportement sont un véritable baume au cœur. Avec elle Virginia a le sentiment de remonter le cours du temps. Par son âge mais aussi par ses goûts, Ethel est une femme d'une autre époque qui la ramène à sa propre adolescence. Même si elle est une pionnière en bien des domaines, l'amie des suffragettes continue d'incarner à ses yeux cette époque victorienne à laquelle Virginia a volontairement tourné le dos tout en continuant à lui être attachée d'un point de vue affectif. D'ailleurs sa relation avec cette femme qu'elle ne peut s'empêcher de trouver à la fois un peu ridicule et terriblement attachante lui rappelle celle qu'elle avait autrefois avec Violet Dickinson. Tout comme Violet lui avait permis de commencer à exprimer ses premières émotions littéraires, Ethel va lui permettre d'incarner les préoccupations féministes qui la hantent depuis de nombreuses années. Au contact de cette femme déterminée, Virginia va s'affirmer tant dans sa prose que dans ses actes. En 1930, Ethel Smyth arrive à point nommé dans la vie de cette romancière qui, à près de cinquante ans, va enfin dire tout haut ce que l'injustice subie par les femmes lui inspire depuis l'adolescence.

Imaginez que Shakespeare ait eu une sœur, écrit-elle, aussi merveilleusement douée que lui. Elle n'a pas pu aller à l'école, n'a eu aucune chance d'apprendre à bien écrire, on l'a fiancée, elle s'est enfuie, elle voulait devenir actrice, on s'est moqué d'elle, un comédien l'a prise en pitié, quand elle a été enceinte de lui, elle s'est jetée dans la Tamise.

Comme toujours la romancière est fidèle au principe qu'elle s'est imposé de ne jamais parler d'elle-même. Ou alors de manière déguisée. Mais comment ne pas songer à elle et à son frère ? De la sœur de Shakespeare à celle de Thoby Stephen, il n'y a qu'un siècle durant lequel les injustices faites aux femmes n'ont pas cessé de se perpétuer. C'est à l'âge de dix-huit ans que Virginia décide de participer à sa manière au combat des femmes en apportant son aide aux premières suffragettes. Pendant quelques mois elle colle bénévolement des enveloppes pour la National Union of Women's Suffrage Societies, participe à quelques meetings mais finit vite par se lasser. Quelques années plus tard, elle donne une série de conférences pour la Woman's Cooperative Guild puis en 1928 se rend à Cambridge en compagnie de son amie Vita pour un séminaire sur les femmes et la fiction. L'année suivante, Virginia publie un essai brillant et caustique qui s'inspire de la conférence qu'elle vient de donner et qui revendique l'égalité des femmes dans tous les domaines : économique, social et politique. *Une chambre à soi* brille par sa force de conviction. Pourtant, lorsque le livre paraît, Virginia s'inquiète de l'accueil qui va lui être réservé. Elle redoute d'être attaquée en tant que féministe et que certains laissent planer le doute quant à son saphisme. Mais en 1930 son assurance l'emporte sur ses doutes. Entraînée par son amie Ethel, la romancière ne craint plus de s'engager pour cette cause qui est la sienne depuis des années. À la suite de sa conférence à la London Society for Women's Service, elle entretient des relations soutenues avec cette association à qui elle tente de venir en aide par tous les moyens qui sont à sa portée. Mais ses plus grandes campagnes, Virginia Woolf les mène en solitaire dans le secret de sa chambre et de la page blanche. On a souvent reproché à ses engagements leur caractère sporadique, oubliant sans doute la continuité au sein de l'œuvre. Lorsque Virginia Woolf entend défendre la cause des femmes, c'est d'abord avec sa plume. « Penser est mon combat », écrira-t-elle au plus fort de la Seconde Guerre mondiale. C'est en faisant évoluer les mentalités que l'on peut espérer changer le cours du monde. *Une chambre à soi* sera l'essai féministe de Virginia le mieux accueilli. *Trois Guinées* en revanche fera l'objet d'un scandale et sera aussitôt écarté. La romancière, désireuse de rédiger un pamphlet antifasciste, sera mal comprise. En 1938, alors que l'Allemagne nazie vient d'envahir l'Autriche, établir un parallèle entre « la tyrannie de l'état patriarcal » et « la tyrannie de l'état fasciste » est une entreprise à haut risque devant laquelle Virginia ne recule pas. Rendue plus téméraire par son amie féministe, elle écrira pendant cette décennie des livres au caractère politique plus marqué tant du côté de la fiction avec *Les Années* que de celui des essais avec *Trois Guinées*. Son style aussi évoluera de manière singulière : plus affermi, plus caustique, plus polémique, il révèle une Virginia Woolf fort différente de celle qu'elle fut à ses débuts. L'amitié de ces deux femmes s'achèvera par une brouille qui résume à elle seule le grand point de divergence de leur relation. Autant Ethel avance dans l'existence à visage découvert, autant Virginia ne s'exhibe que masquée. Quand son amie lui demande de la soutenir au sujet d'une affaire qu'elle a portée en place publique, Virginia refuse catégoriquement. Pour la romancière ne jamais se livrer en pâture à autrui est devenu une philosophie. En quémandant ce qu'elle estime être son dû, Ethel se met à la merci de ses débiteurs. Virginia, elle, veut être libre. Libre d'écrire ce qu'elle veut mais aussi de vivre comme bon lui semble. Dans son Journal elle note :

Je ne veux pas être célèbre ni grande. Je veux aller de l'avant, changer, ouvrir mon esprit et mes yeux, refuser d'être étiquetée et stéréotypée. Ce qui compte c'est se libérer soi-même, découvrir ses propres dimensions, refuser les entraves.

Dans la vie de Virginia Woolf, les femmes qui ont compté correspondent toutes à une évolution personnelle. Avec Violet Dickinson elle découvre le désir d'écriture, avec Katherine Mansfield celui de l'excellence, avec Vita Sackville-West la passion amoureuse entre en scène. Avec Ethel Smyth, c'est la nécessité de prendre part au monde qui se fait jour. On a souvent présenté Virginia Woolf comme un auteur enfermé dans sa tour d'ivoire occultant ainsi toute une partie de sa vie. Les années vingt sont celles de l'enfermement, les années trente correspondent en revanche à une ouverture au monde. À Richmond la romancière rêve d'évasion tandis que son mari peaufine sa légende. Leonard Woolf voit en sa femme une créature fragile qu'il entend mettre à l'abri du monde et de ses dangers. La Virginia Woolf que l'histoire a choisi de retenir est celle de ces années-là. C'est également celle qu'ont contribué à façonner les deux êtres qui comptaient le plus pour elle : son mari et sa sœur.

Autant les premières lettres échangées par les sœurs Stephen témoignent d'une réelle intimité, autant celles que Virginia reçoit à la suite de son mariage avec Leonard sont ambiguës. Comme si l'aînée n'avait pas toléré d'être évincée de la place qu'elle occupait depuis des années au chevet de sa sœur cadette. En 1913, inversant les scénarios de manière inattendue, Vanessa tombe malade. C'est une période de tension pour cette jeune femme écartelée entre son amant et son mari que l'éloignement symbolique de Virginia ne contribue pas à apaiser. Vanessa en veut à sa sœur de prendre son autonomie à un moment où elle a besoin d'elle. Les rapports entre les Woolf et les Bell sont loin d'être au beau fixe. Clive, à qui rien n'échappe de la complexité de la relation entre les deux sœurs, résume clairement la situation : « Le jeune couple n'a pas la cote, le sentiment étant apparemment que Virginia + Woolf = 2. » En réalité les années à venir allaient clairement montrer que Virginia + Woolf = 3 : Vanessa, passagèrement mise à l'écart par le mariage de sa sœur, ne tarde pas à reprendre à ses côtés le rôle d'aînée dévouée qui a toujours été le sien. Par l'entremise de Leonard la jeune femme va donc continuer à faire ce qu'elle a fait tout au long de son existence : s'occuper de Virginia. En 1913, la romancière est une proie facile. Sa maladie conjuguée au sentiment de n'avoir rien fait de sa vie ne la place pas en position de force vis-à-vis de sa sœur. À son retour de voyage de noces Virginia écrit à son amie Violet Dickinson une lettre qui ne fait alors aucun doute sur son désir d'enfant : « Nous n'attendons pas d'enfant mais nous voulons en avoir un, et l'on dit qu'il est nécessaire de passer d'abord environ six mois à la campagne. » Virginia passera neuf ans à Richmond et n'aura pas d'enfants. Ce sera le grand regret de sa vie. Celui qu'elle s'autorisera rarement à exprimer. Celui qui reviendra toujours sous sa plume tel un leitmotiv lancinant et douloureux dans les périodes de crise. En 1913, la jeune femme, dont la santé inquiète perpétuellement son entourage, espère encore mener une existence normale. Son mariage lui-même peut se lire comme un désir de rentrer tardivement dans le rang. Certes, Virginia entend vivre sa vie de couple comme bon lui semble, mais elle aspire aussi à une normalité que sa maladie lui refuse depuis des années. « Si ce n'était mes éclairs d'imagination et ce goût pour les livres, je serais une femme très ordinaire », affirme-t-elle comme pour mieux s'en persuader. Celle qui a toujours été considérée comme un être à part caresse des rêves ordinaires symbolisés par le berceau que lui offre son amie Violet Dickinson au retour du voyage de noces du couple. Le berceau restera vide. Et le temps n'apaisera jamais la souffrance de Virginia qui, dans ses moments de plus grand désespoir, s'interdira toujours de penser que les livres puissent lui tenir lieu d'enfants. La version longue de son Journal permet de mieux appréhender sa souffrance. Dans ces pages, soigneusement censurées par son mari, Virginia Woolf apparaît comme une femme malheureuse qui ne peut s'empêcher d'envier le bonheur de sa sœur. Le 13 septembre 1919, elle reçoit une lettre de refus d'un éditeur américain au sujet de *Nuit et Jour*. Mais ce revers professionnel semble bien moins l'affecter que le spectacle de la maisonnée débordante de Nessa. Pour Virginia la question de la maternité est toujours envisagée par rapport à sa sœur et à la création. Dans les années trente la romancière qui est alors au faîte de sa gloire écrit : « J'ai mis tout mon sang dans l'écriture et (Vanessa) a eu des enfants. » Pour une fois elle semble faire le constat sans trop de souffrance. Comme si une femme à cette époque ne pouvait prétendre à la fois se réaliser d'un point de vue personnel et artistique. Pourtant la lettre de Virginia à Leonard à quelques jours de son mariage avait le mérite de la clarté. « Je veux tout », disait alors cette femme qui allait payer le fait d'être en avance sur son temps. À la suite du mariage des Woolf, la question qui préoccupe les esprits est celle de l'éventuelle maternité de Virginia. Vanessa n'a jamais imaginé que sa sœur puisse avoir des enfants. Encore moins s'en occuper. Leonard, de son côté, pense qu'enfanter peut être préjudiciable à la santé de sa femme. Le corps médical, lui, est partagé. Si le docteur Maurice Craigh estime que Virginia ne peut pas courir le risque d'avoir un enfant, le docteur George Savage pense en revanche que donner la vie peut atténuer les symptômes dépressifs de sa patiente. Chacun y va donc de son avis sur le sujet hormis la principale intéressée. Lorsque Leonard fait à sa femme le compte rendu des délibérations, la question a été tranchée sans qu'elle ait eu voix au chapitre : Virginia Woolf, étant donné sa fragilité mentale, ne peut pas se permettre d'avoir des enfants. Dans cette bataille rondement menée, Leonard et Vanessa se sont longuement concertés avant d'assener le verdict final. Virginia comme toujours se plie à ce que les autres ont décidé pour elle. Mais l'évolution de ses troubles suffit à signifier son désaccord. Elle semble accepter son sort, mais son corps se rebelle. Dans le courant de l'année 1913, ses symptômes s'intensifient et témoignent d'une hostilité nouvelle à l'égard de son mari et de sa sœur. Pendant plusieurs semaines Virginia refuse même de voir Leonard qui reste persuadé d'avoir fait le meilleur choix pour elle. Autant la décision du mari s'explique par son extrême anxiété devant l'état de santé de Virginia, autant celle de Vanessa est plus complexe. La rivalité entretenue par les deux sœurs depuis l'enfance est loin d'avoir cessé avec leurs mariages respectifs. Pour Virginia les réunions du groupe de Bloomsbury, lorsqu'elles ont lieu chez la famille Bell, sont toujours un motif de jalouser en secret le confort matériel dont jouit sa sœur. De son côté Vanessa ne voit pas d'un bon œil l'émancipation de la toute nouvelle Mrs Woolf. En se mariant, non seulement Virginia lui échappe, mais elle se pose aussi en rivale. Désormais les deux sœurs vont faire de leurs mariages respectifs un nouveau sujet de compétition. En refusant à Virginia l'expérience de la maternité, Vanessa continue d'une certaine manière à garder l'avantage. Il lui sera d'autant plus précieux qu'au fil des ans le succès littéraire de sa sœur ne fera que se confirmer. Pour Virginia ce ne sera jamais un motif de consolation et les livres ne parviendront pas à étouffer sa souffrance. Si elle les brandit à l'envi, c'est pour mieux se défendre contre le sentiment d'échec qui l'assaille dès qu'elle pense à la maternité. La question revient inlassablement sous sa plume comme une preuve de sa difficulté à en faire le deuil. Dans les périodes fastes de sa vie littéraire, Virginia semble se faire une raison. Dans les périodes de doutes la question resurgit et participe à son effondrement. En 1928, *Orlando* ayant été unanimement salué par la critique et l'exposition de sa sœur passant relativement inaperçue, elle trouve le courage d'envisager la maternité sous un angle plus positif qu'à l'accoutumée : « J'ai donc quelque chose, en lieu et en place d'enfants. » Alors qu'elle a plus de quarante-sept ans le démon de la comparaison ne cesse de la tarauder. Les livres de Virginia, qui ont tout l'air d'une revanche sur l'enfance, semblent lui interdire le simple bonheur d'être mère. Comme si Virginia et Vanessa étaient depuis toujours intimement convaincues de la justesse de leurs rôles respectifs. L'une a des enfants, l'autre a du succès. Comme si la réussite littéraire de Virginia ne pouvait se doubler d'une réussite personnelle. Au début du XXe siècle une femme qui veut tout et qui l'obtient n'est pas encore totalement acceptée. Le temps aidant la romancière tente de se faire à l'idée d'une vie sans enfants :

> Je ne regrette pratiquement plus de ne pas avoir eu d'enfants (...) Je n'aime pas le côté physique de la maternité (...) Je peux m'imaginer en mère, c'est vrai. Et peut-être ai-je instinctivement étouffé ce sentiment comme la nature l'a fait.

Virginia accepte sans se révolter de ne pas avoir d'enfants, sans doute parce qu'elle adhère malgré elle aux idées de son temps selon lesquelles une femme ne peut sans contrepartie cumuler les rôles. Dès 1905 elle n'a encore rien écrit qu'elle envisage déjà l'écriture et la vie conjugale de manière antinomique. Comme si elle avait le pressentiment de ce qui l'attend : être une éminente femme de lettres privée d'enfants. C'est également parce qu'elle fait sienne la théorie de son mari pour qui la maladie mentale est une fatalité. Plus tard Virginia se reprochera de « n'avoir pas forcé Leonard à prendre le risque malgré les médecins » mais il sera alors trop tard. Virginia reportera son désir d'enfants sur ceux de Vanessa mais ses sentiments seront toujours compliqués par son évidente frustration. Ses neveux quant à eux contribueront à donner de leur tante l'image d'une femme fantasque et excentrique alors qu'elle était surtout malheureuse. Dans son Journal, chaque épisode dépressif fait resurgir l'obsession de la maternité. Que la romancière ait été capable ou non d'élever des enfants, qu'ils aient ou pas accentué ses symptômes dépressifs, qu'elle ait ou pas pu poursuivre son œuvre avec le même acharnement restent à jamais des questions sans réponses. En revanche, ce qui éclate comme une évidence dans cette période charnière de sa vie, c'est la manière dont Virginia Woolf a été dépossédée de ses choix. Des plus fondamentaux aux plus futiles. Si elle n'a pas le droit d'avoir d'enfants, elle n'a pas non plus celui de conduire une voiture. Leonard est là, perpétuellement inquiet, veillant sur sa créature qu'il étouffe à petit feu. Même les visites que Virginia reçoit passent au crible de sa vigilance. Que Violet Dickinson ou Vita Sackville-West restent un peu trop longtemps au chevet de sa femme et aussitôt sa mine s'assombrit. Insensiblement, au cours de cette longue retraite à Richmond, Leonard érige la maladie de sa femme en un rempart qui finit par l'isoler de la vie. En emmenant sa femme loin de la capitale dans l'intention de la préserver, Leonard la prive de ses plaisirs. De ce besoin de mondanités qu'elle revendique comme un bijou hérité de sa mère. De ce goût pour les promenades qu'elle partage avec son héroïne Clarissa Dalloway. En faisant de la maladie de Virginia la grande œuvre de sa vie, Leonard Woolf a contribué à enfermer chaque jour un peu plus sa femme dans son rôle de malade. Auprès de lui Virginia Woolf retrouve à l'identique les contraintes de l'enfance. Le verre de lait et le repos forcé. La surveillance et l'écriture au compte-gouttes. En lui refusant la possibilité d'avoir des enfants, c'est désormais la vie tout entière que Leonard refuse à sa femme. Dès lors Virginia n'aura plus qu'une idée en tête : retrouver sa liberté par tous les moyens, et pour ce faire quitter d'abord cette banlieue sinistre où la vie même lui est interdite. Leonard ne veut rien entendre et brandit « le vieil obstacle inébranlable » de sa santé. Au mois d'août 1922, Virginia harassée par ces conflits sans issue tombe à nouveau malade. Elle a quarante ans et le sentiment qu'il ne lui reste peut-être que peu de temps à vivre. Elle vient de mettre la dernière main à un troisième roman qui ouvre de nouvelles perspectives et dont elle redoute l'accueil : « Que va-t-on dire de Jacob ? que c'est fou, probablement. » Leonard affirme que c'est « une œuvre de génie ». Morgan Forster « une réussite extraordinaire ». Bien que les critiques émettent quelques réserves, les lecteurs sont au rendez-vous. En 1922, Virginia Woolf est un auteur reconnu qui n'est pourtant qu'au seuil de sa prodigieuse aventure. Celle-ci aura lieu dans un cadre plus enchanteur que celui de cette banlieue dont elle va enfin pouvoir s'enfuir.

Paradoxes

Le début de l'année 1924 s'ouvre sous les meilleurs auspices. Après dix ans d'exil Virginia Woolf obtient gain de cause et le couple rentre à Londres. Plus qu'un soulagement c'est une véritable délivrance. Avec le sentiment que la boucle est bouclée, que la vie va de nouveau pouvoir affluer : « J'ai l'impression de poursuivre une histoire que j'ai commencée en 1904, ensuite un peu de démence et puis retour. » Virginia a quarante-deux ans et une myriade de projets en tête. Il n'est que temps de les réaliser. Après l'immobilisme de Richmond, la vie trépidante de Londres est une invitation à se lancer corps et âme dans la grande aventure de la littérature. Le 9 janvier de la même année, Leonard loue une grande maison dans le quartier de Bloomsbury, au 52 Tavistock Square. Pour Virginia, Bloomsbury reste à jamais associé à un profond sentiment de liberté. C'est dans ce quartier bobo avant l'heure que la romancière a goûté pour la première fois au plaisir de vivre. C'est là qu'elle a fait ses premières armes dans l'atmosphère enfumé des jeudis de Gordon Square. C'est là qu'elle a rencontré ses premiers succès. Ce que Virginia espère retrouver à Londres, c'est tout ce dont elle a été privée : l'insouciance et la liberté. En dix ans pourtant tout a changé. À commencer par elle-même. Désormais Virginia est une femme mariée qui se sait gravement malade. Elle est aussi un écrivain renommé avec qui le monde des lettres doit compter. Elle est également une femme publique qui alimente la rumeur. On la dit folle, étrange, fantasque, mélancolique, nerveuse, hystérique. On prétend que son mari la surveille jour et nuit. On lui prête des amitiés peu recommandables comme celle de Vita Sackville-West, une jeune femme à l'allure masculine dont les exploits défraient régulièrement la chronique. Virginia le sait mais ne s'en soucie guère. Depuis qu'elle est revenue à Londres une seule chose compte : l'écriture qui est désormais au cœur de son existence et de cette grande maison où le couple a choisi d'élire domicile. À Tavistock Square tout n'est que littérature. Au sous-sol les Woolf fabriquent les livres. C'est là que se trouvent les bureaux de la Hogarth Press dont le succès explique la présence de nouveaux employés. C'est dans ce désordre où s'entassent pêle-mêle livres et coupures de journaux que Virginia aime à travailler. Blottie dans son fauteuil en osier, son bloc-notes sur les genoux, sa machine à écrire à portée de la main, sa concentration est telle que rien ne semble pouvoir lui faire perdre le fil de sa pensée. À l'étage les Woolf reçoivent leurs différentes relations, le plus souvent des auteurs qu'ils publient et qui veulent s'entretenir de leurs affaires avec ce couple devenu incontournable. Le grand salon est lui aussi empli de livres et de journaux et le rare mobilier a été gracieusement donné par la famille Bell. Dans cette grande bâtisse du XIXᵉ, Virginia éprouve à nouveau le sentiment d'être au cœur des choses :

La maison est à nous : et le sous-sol et la salle de billard, avec le jardin de rocailles au-dessus, et la vue du square sur le devant, et les tristes bâtiments, et Southampton Row et Londres tout entier... musiques, conversations, amitiés, panoramas de la ville, livres, édition, un je-ne-sais-quoi d'essentiel et d'inexplicable, tout cela est maintenant à ma portée.

D'autant que Virginia a perdu sa timidité des premiers jeudis de Bloomsbury. Confortée par le succès naissant elle a gagné en assurance. Sa gaucherie des débuts s'est muée en une ironie mordante. Son érudition, sa propension à la satire et sa nouvelle renommée en font une personnalité autant admirée que redoutée. Nombreux sont ceux qui se pressent au 52 Tavistock Square dans l'espoir de rencontrer l'auteur de *La Chambre de Jacob*. Chacun s'accorde pour louer sa grâce et sa distinction. Virginia est une femme mince et fragile dont toute l'intensité semble s'être concentrée dans les beaux yeux gris-vert qui s'animent de manière saisissante dès qu'il est question de littérature, c'est-à-dire la majeure partie du temps. Autant la vie à Richmond s'organisait autour de la maladie, autant la vie à Tavistock Square est entièrement vouée à l'autel des mots. Pour Virginia qui estime avoir largement eu le temps de fourbir ses armes, il est temps de passer à une phase plus active. Rien ne saura plus détourner la romancière des objectifs qu'elle s'est fixés. D'ailleurs Virginia estime être à un âge critique : à la quarantaine, soit l'on ralentit, soit l'on accélère. Son choix est vite fait. Après des mois de « stagnation » Virginia se découvre un enthousiasme décuplé par des années de réclusion forcée.

Je suis heureuse d'être à Londres, écrit-elle dans son Journal à la date du 26 mai 1924, d'abord parce que (...) son animation me soutient, et avec un cerveau d'écureuil en cage, c'est beaucoup d'être empêchée de tourner en rond sur soi-même. Et puis je gagne énormément à pouvoir rencontrer des êtres humains fréquemment et quand il me plaît.

Tavistock Square, c'est la liberté retrouvée. La faculté d'être stimulée par le spectacle sans cesse renouvelé de la ville. La possibilité de goûter à nouveau à l'ivresse de la mondanité. Certes il ne s'agit que de liberté surveillée. L'organisation de la vie quotidienne mise en place à Richmond perdure mais Leonard a assoupli ses directives. D'ailleurs Virginia va mieux, comme si le seul air de Londres était plus bénéfique à sa santé que celui de la banlieue. Et puis Leonard a d'autres sujets sur lesquels focaliser son inquiétude. Le succès de la Hogarth Press est tel qu'il nécessite son entière vigilance. À défaut d'occuper les mains de sa femme, la maison d'édition des Woolf absorbe les pensées du mari. Désormais le couple s'organise moins en fonction de la maladie que de leur passion commune : la littérature. Leonard dirigeant depuis un an les pages littéraires de *The Nation*, la collaboration des

Woolf devient leur meilleur atout. Virginia n'a plus à se soucier d'impératifs commerciaux et se félicite d'être « la seule Anglaise qui soit libre d'écrire ce qui (lui) plaît. Les autres doivent penser aux collections et aux rédacteurs en chef ». Tout ce que le couple a mis en place à Richmond trouve à Tavistock Square sa vitesse de croisière : la Hogarth Press comme l'écriture. Pour Virginia le retour à Londres correspond à une période de grande fertilité littéraire. Comme si tout ce que la romancière avait imaginé dans le secret de sa chambre à Richmond ne demandait plus qu'à prendre corps. Les romans s'enchaînent mais aussi les critiques et les essais. Les commandes affluent de tous côtés et, pour la seule année 1924, Virginia publie un *Manuel de lecture*, de nombreux articles et un quatrième roman qui va considérablement contribuer à accroître sa renommée.

L'histoire de *Mrs Dalloway* remonte à l'automne 1920. À cette époque Virginia a déjà lu *Ulysse* de Joyce et n'a pas été convaincue. Un soir où les Woolf invitent T.S. Eliot à dîner, la conversation tombe immanquablement sur cet auteur qui fait tant parler de lui. Le poète loue les qualités sans précédent de l'écrivain irlandais exilé à Paris. Virginia concède du bout des lèvres que l'idée d'« exposer la vie d'un homme en seize épisodes qui se déroulent tous en une seule journée » n'est pas dénuée d'intérêt. Quelques mois plus tard, vraisemblablement séduite par le procédé de Joyce, elle entame un nouveau roman dans lequel elle entend raconter la vie d'une femme en une seule journée. Pour ce faire la romancière a recours à ce qu'elle nomme son « procédé de sape » qui consiste à inscrire le récit du passé à l'intérieur même de la journée de Clarissa Dalloway. Tout commence par la recherche d'un bouquet de fleurs dans les rues de Westminster. C'est le début d'un roman impressionniste dont le pari ambitieux consiste à reléguer l'action au second plan afin de privilégier la myriade de sentiments qui habite l'héroïne aux différentes heures de la journée. Virginia comme souvent a d'ailleurs longuement hésité entre deux titres — *Les Heures* et *Mrs Dalloway* — avant de retenir le second. À la manière des peintres du mouvement impressionniste qui peignent le même paysage en fonction des jeux de lumière, elle recueille dans ses filets les fluctuations de l'âme. Pour la première fois Virginia se consacre à l'écriture de ce roman sans être interrompue par la maladie. Après *La Chambre de Jacob*, la romancière craignait d'être dans l'incapacité de pousser plus avant ses possibilités, pourtant elle estime au final que l'histoire de Clarissa Dalloway est « le plus réussi de (ses) romans ». Leonard partage son enthousiasme. Le livre publié conjointement en Angleterre et aux États-Unis remporte un véritable succès. Avec *Mrs Dalloway*, Virginia a conscience d'avoir franchi un cap important : « Une chose (...) me paraît incontestable, c'est que je suis parvenue à forer mon puits de pétrole et que je n'écrirai jamais assez vite pour en extraire le contenu. » Désormais l'harmonie semble prévaloir. À Londres,

Virginia renoue avec le plaisir de vivre, ne négligeant jamais une occasion de se distraire, tandis qu'à Rodmell elle se consacre entièrement à l'écriture.

Autant Virginia se morfondait à Richmond, autant elle a toujours aimé la quiétude de ce petit village du Sussex où elle a écrit la majeure partie de *Mrs Dalloway*. Le couple a acheté Monk's House au lendemain de la Première Guerre. Un nom prédestiné, *monk* signifiant moine en anglais. C'est donc dans cette petite « maison de moine » entourée d'arbres et de fleurs que la romancière passe des journées entières à écrire loin de l'agitation londonienne. À Richmond Virginia souffrait de son isolement, à Rodmell elle recherche la solitude, compagne inséparable de l'écriture. La vie du couple se partage entre Londres et le Sussex. Pour Virginia c'est l'organisation rêvée. Peut-être parce qu'elle ressemble à celle de l'enfance. À Londres elle est au cœur des idées. À Rodmell au cœur de la nature. Le silence et le calme sont des conditions nécessaires à la création, mais Virginia a aussi besoin d'un contact avec le monde extérieur pour se régénérer :

> J'estime que c'est la vie la plus saine qui soit car s'il me fallait passer mon temps à écrire ou simplement à me remettre d'avoir écrit, il m'arriverait ce que l'on voit chez les lapins quand ils se reproduisent trop souvent entre eux : je ne produirais plus que de chétifs lapins blancs.

Pendant l'épisode Richmond les Woolf ne venaient pas régulièrement dans le Sussex mais, dès le retour à Londres, les séjours à Rodmell se font plus nombreux. Loin de l'agitation de la capitale, la romancière goûte avec sensualité aux délices de la campagne et peut s'adonner en toute quiétude à son occupation préférée. Là, tout n'est qu'ordre, calme et volupté. Il y a une ivresse de l'écriture, un apaisement à avoir trouvé le mot juste. La matinée est consacrée à l'écriture. L'après-midi Virginia se promène avec son chien dans les Downs. C'est lors de ces promenades que germent dans son esprit perpétuellement aux aguets de nouvelles idées. Le rythme de la marche finit par épouser celui de la phrase qui soudain semble se dérouler d'elle-même, trouver son exacte proportion. Il ne reste plus qu'à rentrer, apaisée par le grand air, pour coucher sur le papier tout ce qui s'est ordonné comme par enchantement. À Rodmell Virginia se gorge de sensations. À Londres elle s'enivre des nombreuses invitations que ne manque pas d'attirer sa nouvelle célébrité. Virginia Woolf semble heureuse, apaisée, en pleine possession de ses moyens. Sa relation avec Leonard a évolué. Plus libre, plus harmonieuse, elle s'enrichit de leur amour commun pour la littérature. Désormais Leonard est moins ce tuteur inflexible qu'un allié inconditionnel. Dans la géographie tout en lignes brisées de la vie de Virginia Woolf, Rodmell apparaît comme un point d'équilibre. Une oasis verdoyante loin du bruit et de la fureur du monde où le couple connaît enfin des heures de profonde félicité :

Je suis extrêmement heureuse quand je me promène dans les Downs, note Virginia au retour d'une promenade. J'aime avoir de l'espace pour déployer mon esprit. Quelles que soient mes pensées, je peux les communiquer tout à coup à L. Nous sommes très détachés, libres et harmonieux.

Lorsque Virginia écrit la dernière phrase de *Mrs Dalloway*, elle ne peut s'empêcher de penser à son amie qui vient de s'éteindre : « Et elle était là. » Elle, c'est Clarissa Dalloway mais aussi Katherine Mansfield, la grande amie de Virginia en qui Leonard avait choisi de ne voir qu'un simple auteur pour la Hogarth Press. Katherine était beaucoup plus que cela. À la fois un modèle et une rivale. Une amitié littéraire mais aussi érotique. Leonard adopte déjà dans la vie une stratégie semblable à celle qu'il appliquera plus tard au Journal de sa femme. Ce qui ne l'arrange pas, il choisit de ne pas en tenir compte. C'est peut-être l'une des raisons de la longévité de ce couple. Tout comme Leonard censure les allusions voilées à l'homosexualité dans les carnets de Virginia, il ferme les yeux sur son nouvel engouement pour Vita Sackville-West. Il suffit pourtant de lire *Mrs Dalloway* pour comprendre que l'attirance physique que Clarissa éprouve pour les femmes est celle de Virginia. Comme elle,

elle ne pouvait résister parfois au charme d'une femme (...) Elle ressentait alors sans aucun doute ce que ressentent les hommes. Un instant seulement mais c'était assez. C'était une révélation soudaine, un afflux de sang comme lorsque l'on rougit et que l'on voudrait s'en empêcher.

Vita arrive dans la vie de Virginia telle une tornade dont la puissance aura des effets dévastateurs mais pas au point de menacer son couple. Depuis son amitié avec Katherine Mansfield, Virginia Woolf a appris à composer avec cette part secrète de sa personnalité. Loin de revendiquer son homosexualité, la romancière préserve son jardin secret et mène ses expériences à l'abri des regards. Dans le domaine des sentiments aussi, Virginia parvient à une forme d'équilibre qui n'appartient qu'à elle. Entre son mari et ses différentes passions amoureuses, Virginia n'a jamais l'intention de choisir. Elle veut tout et s'arrange pour l'obtenir : le partenariat intellectuel et l'embrasement des sens. Ce qui lui est refusé dans son couple, Virginia le cherche ailleurs. Dans ses amitiés féminines qui la révèlent à elle-même. Dans ses plaisirs mondains auxquels son mari ne trouve guère d'intérêt. Dans l'écriture enfin, lieu suprême de la liberté. Ce n'est pas le moindre des paradoxes de la romancière que d'avoir réussi à donner d'elle l'image d'une femme conventionnelle alors qu'elle l'était si peu. La vraie vie de Virginia Woolf est toujours ailleurs. À Londres quand elle est à Rodmell. À Rodmell quand elle est à Londres. Auprès de ce mari qui la sécurise mais aussi auprès de ces femmes qui la stimulent et lui donnent le sentiment de vivre. Virginia est essentiellement contradictoire, mouvante, insaisissable. On croit pouvoir la cerner, on tente de la définir et aussitôt elle se dérobe. Elle semble fragile mais conduit son existence avec une fermeté stupéfiante. Parvenant en littérature comme dans la vie à faire un peu plus chaque jour ce qu'elle a décidé. La grande force de Virginia Woolf, c'est de laisser croire à sa vulnérabilité tandis qu'elle mène en secret des révolutions d'importance.

C'est au cœur de l'été 1925 à Monk's House que la romancière entrevoit les prémices d'une nouvelle aventure littéraire qui va avoir un impact retentissant sur sa vie personnelle. À quarante-trois ans, la romancière éprouve la nécessité d'en finir avec les fantômes du passé qui continuent d'entraver sa fulgurante avancée. Dans *La Promenade au phare*, Virginia accomplit un acte salutaire : en mettant ses parents en scène, la romancière va définitivement s'en affranchir. Au départ elle envisage d'écrire une élégie puis opte pour le roman. Comme souvent, le démarrage est fulgurant : « 22 pages d'un coup en moins de quinze jours. » Mais très vite les premiers symptômes de la dépression resurgissent. *La Promenade au phare* est un livre qui a le don de raviver les sentiments de l'enfance. Virginia confie à son Journal sa peur de manquer de recul. Sa crainte de paraître trop sentimentale aussi : « Ce sera trop comme Père, ou Mère. » En évoquant son enfance, la romancière se condamne à un retour en arrière qui n'est pas sans préjudice sur sa santé mentale. Au mois de juillet de l'année suivante, alors qu'elle a écrit jusqu'alors avec une relative aisance, elle s'effondre. « Une dépression nerveuse complète en miniature » qui ne l'empêche pas de continuer sans relâche à exhumer ses souvenirs. Comme si l'heure était venue de se débarrasser de ce fardeau afin de pouvoir passer à autre chose. Virginia a d'ailleurs pleinement conscience de faire avec ce livre un travail de type psychanalytique. Pour elle *La Promenade au phare* est un moyen de se comprendre tout en créant une structure solide à même de masquer tout ce que le livre peut avoir d'autobiographique. Il s'agit d'« atteindre les profondeurs (en mettant) les formes d'aplomb ». Le livre est un succès tant d'un point de vue littéraire que personnel. Trois mille exemplaires sont vendus en moins de trois mois. La critique ne tarit pas d'éloges. Virginia se félicite d'être enfin parvenue à tirer un trait sur ses parents :

> J'ai écrit le livre très vite et quand il fut écrit, j'ai cessé d'être obsédée par ma mère. Je n'entends plus sa voix ; je ne la vois plus. (...) J'ai exprimé une émotion ressentie depuis très longtemps, en profondeur. Et en l'exprimant, je l'ai expliquée, puis je l'ai laissée en repos.

Tous les obstacles semblent maintenant levés. Après des débuts tardifs et difficiles, Virginia se sent en pleine possession de ses moyens. Ses livres se vendent bien. Sa plume court avec une aisance inégalée. La romancière se sent libre, gorgée de mots, prête à faire exactement ce qui lui plaît : « J'écris maintenant plus vite et plus librement qu'il ne m'a jamais été donné de le faire dans toute ma vie ; et bien plus, vingt fois plus encore que pour aucun autre de mes romans. J'y vois la preuve que je ne me suis pas fourvoyée et que c'est bien ainsi que je pourrai cueillir le fruit en suspens dans mon âme quel qu'il soit. »

Après trois années en compagnie de ses parents défunts, la romancière envisage de se consacrer à un projet plus ludique : celui de raconter la vie hautement romanesque de son amie Vita Sackville-West. En entreprenant la rédaction d'une biographie imaginaire, elle entend se divertir un peu et espère en secret reconquérir le cœur de sa belle. Depuis la menace du départ de Vita avec son mari pour la Perse, Virginia a pu mesurer l'importance qu'avait pour elle cette femme hors du commun. « Vita est venue me voir par deux fois. Elle est condamnée à aller en Perse et cette idée m'a tellement contrariée que j'en ai conclu que mes sentiments pour elle sont bien réels. » *Orlando* est une manière de tenter de maîtriser celle qui devient de plus en plus distante. Écrire une biographie fictive est aussi une façon de tourner le dos à l'esthétique victorienne dont Leslie Stephen était le fidèle représentant. La fin des années vingt correspond à une période d'affranchissement dans la vie de Virginia qui fait voler en éclats les carcans de son éducation et d'une certaine conception de la littérature. Avec *La Promenade au phare* la romancière s'est affranchie de ses parents, avec *Orlando* elle s'autorise une liberté nouvelle qui est le reflet de sa passion pour Vita. Vivre une relation amoureuse avec cette femme excentrique est une manière pour elle de se libérer d'une autre figure tutélaire : son mari. Autant Virginia a toujours fait l'enfant auprès de cet homme qui n'attendait qu'une chose, s'occuper d'elle, autant la relation avec Vita change la donne. Désormais Virginia fait ce qui lui plaît. Elle ne cesse d'inviter son amie à Rodmell, part à Long Barn avec elle. Enfin capable de dépasser son complexe vestimentaire, elle se rend même chez une couturière qui lui confectionne une nouvelle robe. Elle n'hésite pas non plus à sacrifier sa chevelure. À Londres, elle est invitée partout. Leonard réprouve toute cette dissipation. En vain. L'entrée d'Ethel Smyth dans la vie de Virginia ne fera qu'accentuer l'extraordinaire élan de libéralisation de ces années-là. *Orlando*, livre que Virginia estime « plein d'entrain et facile à lire », est publié en septembre 1928. Leonard prend très au sérieux cette satire que sa femme juge « baroque et inégale ». Vita, quant à elle, se dit éblouie du résultat et sa biographe « infiniment soulagée et heureuse ». Le succès une fois encore est au rendez-vous : le public raffole de ce livre aussi gai que tourbillonnant, qui se vend à plus de six mille exemplaires en l'espace de deux mois. La nouvelle indépendance de Virginia est également financière. Après le succès de *Mrs Dalloway* redoublé par celui de *La Promenade au phare*, *Orlando* lui assure une aisance matérielle toute nouvelle. Pour la première fois la romancière ouvre son propre compte en banque et instaure un système selon lequel, au-delà d'une certaine somme nécessaire au quotidien, le couple se partage l'argent gagné. À la fin des années vingt, la romancière semble rassérénée par la constance du succès : « À cette minute même, il ne fait guère de doute pour moi qu'au cours des cinq prochaines années je gagnerai beaucoup plus que je ne l'ai fait jusqu'ici. » Pas question pour autant de se reposer sur ses lauriers. Virginia n'a jamais eu autant d'idées ni de projets. Le 28 mars 1929, elle note avec la prescience qui la caractérise : « J'ai le sentiment d'être au bord d'une aventure épuisante. » Elle a quarante-sept ans et se sent plus que jamais prête pour un nouveau départ. Désormais la romancière n'a plus rien à prouver à personne sauf à elle-même. À l'aube des années trente, Virginia Woolf est une femme libre.

Une chambre à soi correspond à un tournant symbolique dans son œuvre. Pour la première fois la romancière utilise sa propre expérience dans le but de servir la cause des femmes. Si *Orlando* est un pied de nez à la convention, *Une chambre à soi* en revanche est un plaidoyer pour la liberté des femmes. À près de cinquante ans Virginia achève de régler ses comptes avec l'éducation paternelle en revendiquant haut et fort la nécessité d'une indépendance financière dont elle a elle-même cruellement souffert. Contrairement à ses appréhensions, la critique ne lui reproche pas son féminisme et le livre bat tous les records de vente en Angleterre comme aux États-Unis, soit plus de dix mille exemplaires en quelques semaines. Cet essai écrit à la suite de deux conférences dans des collèges de Cambridge marque le coup d'envoi du programme féministe de Virginia Woolf. Il est essentiellement littéraire et largement encouragé par son amie

Ethel Smyth, suffragette de la première heure. Parallèlement la romancière travaille à un livre dont la tonalité est diamétralement opposée à ce manifeste qui lui a fait craindre d'être accusée de saphisme. C'est au mois de mai 1929 que Virginia entame avec appréhension un roman mystique qu'elle envisage alors d'appeler *Les Éphémères*. Comme si elle pressentait déjà par quels tourments elle allait devoir passer pour venir à bout de ce livre qu'elle qualifie d'autobiographique. Mais comme toujours l'obstination reprend le dessus. Virginia s'attelle à la tâche avec la vaillance d'un bon petit soldat que seule la maladie contraint de temps à autre à reposer les armes. C'est une période de lutte pendant laquelle la romancière n'entend céder sur rien. Ni sur cet essai dont elle espère qu'il sera entendu. Ni sur ce roman abstrait qu'elle entrevoit déjà comme le plus complexe de ses livres. Elle se bat sur tous les fronts avec un courage qui force l'admiration. Plus la maladie gagne du terrain, plus elle s'exhorte à travailler sans relâche. Au printemps 1930, elle tombe malade mais continue pourtant de « vouloir expédier chaque journée avec autorité ». Au cours de l'été 1931, Virginia met un point final à ce roman qu'elle intitulera finalement *Les Vagues* et qu'elle n'a cessé de porter à bout de bras. Harassée, elle écrit à son neveu : « Je viens de terminer le pire des romans jamais écrits en anglais. » Il lui a fallu un courage sans nom pour suivre la trajectoire de ses six personnages dont elle craint que le public ne se désintéresse. À cette période les Woolf passent de plus en plus de temps

à Monk's House. Virginia travaille déjà à un nouveau projet quand Leonard, à qui elle a confié son
manuscrit, fait irruption dans la cabane au fond du
jardin où sa femme a l'habitude d'écrire : « C'est
un chef-d'œuvre », dit-il avant de préciser, « et le
meilleur de tes livres ». Leonard ne s'y est pas
trompé. Dans les jours qui suivent la critique lui
emboîte le pas et salue à l'unanimité ce livre
étrange comme « l'un des romans les plus importants de (l')époque ». Virginia est soulagée. Elle
s'étonne du succès remporté par ce livre qu'elle
croyait inintelligible et découvre avec ravissement
que sa renommée ne cesse de s'accroître. Le
17 octobre 1931, elle note avec délectation : « Je
risque de devenir notre plus grande romancière et
pas seulement auprès de l'intelligentsia. »

Le rapport de Virginia Woolf à la célébrité est
éminemment complexe et fluctuant. Lorsqu'elle
écrit : « Je ne veux ni être célèbre ni être grande »,
il ne faut la croire qu'à moitié. D'abord parce que
même si *La Promenade au phare* lui a permis de
faire le deuil de ses parents, Virginia Woolf reste la
digne fille de Leslie Stephen, c'est-à-dire d'un philosophe qui a le sentiment de ne pas avoir été
reconnu à sa juste valeur. Virginia a donc double-
ment besoin de reconnaissance : pour elle mais
aussi pour ce père, pour qui elle aurait souhaité un
destin plus glorieux. Dans son Journal, quand elle
regarde le chemin parcouru, c'est d'abord en pensant à lui :

> Dire que moi, enfant sans instruction, qui lisais des livres dans ma chambre au 22 Hyde Park Gate, je suis à présent arrivée à cette gloire ! (...) Père aurait rougi de plaisir si j'avais pu lui dire il y a trente ans qu'on proposerait à sa fille, à sa pauvre petite Ginny, de le remplacer.

Ensuite parce qu'elle ose s'aventurer sur des terres inconnues où chaque livre s'apparente à une nouvelle quête. Si pendant toute la première partie de sa vie Virginia cherche de manière compulsive l'assentiment d'autrui, dès le début des années trente elle s'affranchit aussi de cette forme de dépendance. C'est alors que commence à apparaître sous sa plume un nouveau concept qu'elle ne va cesser de développer : l'anonymat. Fin octobre 1933, la romancière note comme pour mieux s'en persuader :

> Je dois me souvenir que la mode en matière de littérature est inévitable. Et aussi qu'on ne cesse de croître et de changer. Et aussi que j'ai enfin mis la main sur ma philosophie de l'anonymat.

C'est seulement à la cinquantaine passée que Virginia Woolf parvient à prendre un certain recul vis-à-vis de la critique. Mais après combien de tourments ! Son Journal jusqu'à cette période est une radiographie fidèle de l'accueil reçu par chacun de ses livres. Avec précision Virginia analyse l'évolution de sa cote de popularité. Quand elle prétend ne vouloir être ni célèbre ni grande, tout dans son Journal affirme le contraire. La romancière voudrait être uniquement « quelqu'un qui écrit pour le plaisir d'écrire » mais ne cesse de se torturer : « Il est vrai, peut-être, que ma réputation ira désormais en déclinant. On me tournera en ridicule. On me montrera du doigt. Quelle devra être mon attitude ? » se demande-t-elle en 1932 alors qu'elle est au faîte de sa gloire. La vie de Virginia s'apparente à une course à la reconnaissance qui révèle une profonde souffrance. Car la seule chose qui vaille la peine en ce bas monde, c'est à n'en pas douter la littérature. Une fois encore Virginia Woolf est tiraillée entre des désirs contradictoires. Celui de s'exposer en pleine lumière afin de recueillir les louanges dont elle a un besoin vital pour continuer sa vaste entreprise, celui de rester dans l'ombre et de plonger toujours plus profondément dans les eaux troubles de la conscience. Virginia souffre d'être tributaire des fluctuations de sa renommée quand elle ne voudrait voir que l'avancée de son œuvre. « Si seulement je pouvais m'oublier moi-même, complètement, mes critiques, ma renommée… » Si seulement ! À partir des années trente pourtant, la distance vis-à-vis du jugement d'autrui que Virginia Woolf a tant cherchée semble enfin se mettre en place. Elle va de pair avec un autre concept que la romancière va développer à cette même période et qui est en complète contradiction avec ce que sa vie a pu être jusque-là : l'immunité. Virginia donne elle-même la définition de cette toute nouvelle éthique qu'elle a eu tant de mal à conquérir et sous le signe de laquelle elle compte désormais inscrire sa vie :

> Être immune c'est vivre à l'abri des chocs, des ennuis, des souffrances, c'est être hors de portée des flèches, avoir assez de bien pour vivre sans rechercher flatterie ni réussite, ne pas être obligée d'accepter les invitations et ne pas se soucier des éloges que reçoivent les autres.

Vœu pieux en apparence qui révèle en creux ce qu'a pu être jusqu'alors la vie de Virginia. Pourtant, dès 1931, une succession d'événements tragiques va donner à la romancière l'occasion de mettre en pratique sa nouvelle philosophie.

Le 13 janvier 1932, à quelques jours de son anniversaire, Virginia se livre à un calcul rapide : à bientôt cinquante ans, elle a beau se sentir toujours « la personne la plus jeune de l'autobus », elle sait qu'il lui reste au mieux vingt ans à vivre. Un fait qui en lui-même l'effraie moins que la perspective de manquer de temps pour finir ce qu'elle a l'intention d'entreprendre : « Écrire quatre romans dans le genre des *Vagues* (...) et puis passer à travers la littérature anglaise comme un fil dans du beurre ou plutôt comme un insecte rongeant son chemin de livre en livre de Chaucer à Lawrence. » Vaste programme pour une femme qui avoue se sentir lente, « de plus en plus compacte et supportant de moins en moins la hâte ». Autour d'elle le temps fait son œuvre et les amis commencent à disparaître. Les ennemis aussi. Arnold Bennett décède en mars 1931. Bien qu'il ait souvent décrié la romancière, elle se découvre plus affectée par sa disparition qu'elle ne l'aurait pensé.

Comme si la mort de cet homme qu'elle ne portait pas particulièrement dans son cœur n'était qu'une répétition de la sienne qu'elle se surprend à imaginer de plus en plus souvent : « J'aimerais quitter la pièce tout en parlant ; inachevée une phrase banale resterait en suspens sur mes lèvres. » L'année suivante, Virginia perd un ami de toujours. Un rival aussi pour qui elle n'a cessé d'avoir la plus haute estime, allant jusqu'à envier ses succès, souffrant parfois aussi de la condescendance avec laquelle il la considérait. Lytton Strachey meurt le 21 janvier 1932 laissant à Virginia « le sentiment que quelque chose s'est éteint ». Même si elle n'a pas vu son ami depuis de longs mois, elle reste abasourdie par la nouvelle tout comme les anciens de Bloomsbury. Elle le savait atteint d'un cancer mais n'avait jamais imaginé sa mort comme aussi imminente. Elle venait de lui envoyer son dernier roman, *Les Vagues*, pensant qu'il n'aurait pas manqué de l'admirer. Déjà trop atteint par la maladie, il avait été contraint de remettre sa lecture à plus tard. Leonard lui-même est effondré par le décès de cet ami qui a tant compté dans leur existence à tous. Avec Lytton Strachey, c'est tout un pan de leur vie qui disparaît. Celui des premiers jeudis de Bloomsbury, des premiers succès littéraires, des premières rivalités aussi. Pour Virginia qui ne cesse de contempler autour d'elle le triste spectacle de la vieillesse, la mort du « Strache » sonne définitivement le glas de la jeunesse. Désormais elle se sait passée de l'autre côté du miroir. Leonard, pour lui changer les idées, projette un voyage en Grèce. Le 15 avril 1932, le couple quitte Londres pendant un long mois pour des rivages plus ensoleillés en compagnie de Roger Fry et de sa sœur Margery. Pour Virginia ce périple dans le Péloponnèse a un air de déjà-vu. Ce qui n'est pas pour lui plaire. Elle se revoit à l'âge de vingt-trois ans en compagnie de Thoby disparu lui aussi. Elle avait alors la vie devant elle. Le voyage, loin de la distraire de ses sentiments morbides, les ravive. Elle ne cesse de penser à son frère, à Lytton son vieux « serpent barbu », à ce temps qui lui file irrémédiablement entre les doigts. La seule consolation pour elle est d'être en agréable compagnie : « C'est un effet de la mort de Lytton, cette envie d'être avec des amis. » Dès le retour à Londres le spectre de la dépression réapparaît. Virginia poursuit la rédaction de *Flush* mais le cœur n'y est pas. L'histoire de ce chien illustre ne l'amuse plus. L'idée qui était la sienne au départ de parodier dans ce livre les *Victoriens éminents* et la *Reine Victoria* de son ami Lytton lui semble désormais de mauvais goût. « Lytton mort (…) Quel est le sens de tout cela ? » note-t-elle dans un moment de désespoir. Londres la fatigue, les nombreuses visites qu'elle reçoit à Monk's House aussi. La vie sans l'ombre tutélaire du « Strache », son vieil ami, est dépourvue de sel. De son côté Leonard, qui a toujours eu un penchant pour le pessimisme, devient tout bonnement lugubre. « Les gens continueront ainsi à mourir jusqu'à notre propre mort », confie-t-il à sa femme. Virginia sait qu'il a raison mais une fois de plus sa force de résistance prend le dessus. « Maintenant que j'ai les cheveux gris, que ma vie est bien avancée, je suppose que j'aime ce qui est vivant. » Parce que la vieillesse est un naufrage, elle décide de ne pas sombrer. Comme elle a tenu tête toute sa vie à la maladie, elle va se battre contre le vieillissement. Et comme toujours c'est sur la page blanche que s'écrira son combat. Rien de tel pour elle que de « faire galoper ses esprits » pour contrer la tyrannie des ans. Là où d'autres capitulent, Virginia redouble d'ardeur. La vieillesse des autres, loin de la démonter, lui insuffle énergie et courage pour mener à bien plus que jamais ses projets. Elle continue donc à faire ce qu'elle a fait toute sa vie : lutter. Mais pour la première fois elle décide de changer de tactique. Désormais elle sait qu'elle n'a plus de temps à perdre à des futilités qui n'en valent pas la peine. Il s'agit de se concentrer et de plonger à nouveau en soi-même. D'écrire de manière « libre, directe et sans détour », sans se préoccuper de la critique ni céder aux babillages du monde. En octobre 1932, Virginia se sent prête pour une nouvelle traversée et note dans son Journal :

> Je veux me débarrasser de cette vie facile et hasardeuse — les gens, les critiques, la gloire, toutes ces écailles brillantes — et me retirer en moi-même et me concentrer.

C'est le début de la sagesse que l'on associe généralement à la vieillesse. Virginia, elle, fait l'inverse. Elle récuse l'idée même du vieillissement, préférant envisager le passage des ans comme une mue de l'âme. « Je ne crois pas qu'on vieillisse, affirme-t-elle, je crois qu'on se modifie, à jamais, face au soleil. » Dès lors Virginia Woolf porte à son propre vieillissement le même intérêt qu'à sa maladie. Dans un cas comme dans l'autre elle oppose à la fatalité la revanche de l'esprit. De victime passive elle devient agent de son propre destin. C'est une caractéristique de cette femme éminemment positive que de tout transformer en sujet d'étude. Les traumatismes de l'enfance comme les épreuves de l'âge adulte. Les sévices comme les deuils. Pour Virginia Woolf, la solution à la difficulté de vivre est toujours dans l'écriture.

Le 10 octobre 1932, en remontant Southampton Row, Virginia entrevoit pour la première fois ce que sera le grand projet qui va inaugurer cette nouvelle vie qu'elle a décidé d'inscrire sous le signe du détachement. « Ce sera un essai-roman appelé *Les Pargiter* et qui englobera tout : sexe, éducation, société (...) depuis 1880 jusqu'à nos jours. » Son exaltation est à son comble. Elle écrit avec une rapidité stupéfiante et rien ne laisse alors imaginer dans quelles affres ce livre, qui s'intitulera finalement *Les Années*, va la précipiter. Pour l'heure Virginia a retrouvé tout son entrain et jusqu'à une certaine forme de sérénité si rare chez elle. Quand elle ne se consacre pas à ce livre qui a désormais pris possession de tout son être, elle reprend *Flush* pour se détendre. Elle écrit chaque jour jusqu'à la limite de ses forces, tenant comme elle a coutume de le faire une comptabilité précise de l'avancement de ses travaux. Soixante mille mots à Noël. Jamais Virginia ne s'est sentie aussi libre et aussi maîtresse de sa vie qu'à Rodmell à l'automne 1932. Plus de visites intempestives, plus d'obligations, seule la perspective d'écrire tout son soûl du lever au coucher du soleil, avec pour seule distraction de longues promenades dans les collines aux alentours. Jusqu'en septembre de l'année suivante la rédaction de ce grand « roman sur l'état de l'Angleterre » suit son cours avec ses inévitables périodes de ralentissement et d'accélération. Mais déjà Virginia commence à entrevoir qu'il pourrait bien être « le plus long de (sa) petite couvée ». Quelques jours avant de partir prendre un repos bien mérité avec son mari en Italie, elle est à nouveau en proie au doute. Le livre lui paraît trop rapide, trop superficiellement brillant. En réalité elle s'est, comme à son habitude, soumise à un planning de travail d'une telle intensité qu'elle est tout simplement épuisée. Le 6 avril 1933, à quelques semaines du départ, elle pense boucler l'affaire à son retour en l'espace de quatre mois. Elle est en réalité bien loin du compte. Le livre ne verra le jour qu'en mars 1937 après une gestation aussi longue que douloureuse. Rien de comparable cependant avec *Les Vagues,* son précédent livre dont elle entend complètement se démarquer. Comme chaque fois il s'agit d'emprunter d'autres voies. De se livrer à d'autres expériences. De pousser plus avant la recherche formelle. Même si la romancière puise à nouveau dans son autobiographie, toute la difficulté réside dans le traitement romanesque. Pour avancer, il lui faut trouver « une nouvelle forme d'être, d'exprimer, pour (traduire) tout ce qu'(elle) ressent et pense ». Autant *Les Vagues* faisait la part belle à l'intériorité, autant *Les Années* prend appui sur les faits. Il s'agit de donner une vision d'ensemble de la société sans pour autant verser dans le didactisme. Un équilibre subtil entre atmosphère et argumentation doit selon elle prévaloir afin de « tout dire de la société actuelle, les faits autant que les idées ». S'inspirant de son enfance à Hyde Park Gate, elle passe aussi de longues heures à éplucher la presse et prend des notes sur le sort réservé aux femmes. C'est une période d'activité intense tant sur le front de l'écriture que sur celui de la recension des événements. Cette femme à qui l'on a souvent reproché de ne se soucier que d'elle-même est cette fois en prise directe avec le réel. À tel point qu'elle se permet le luxe de refuser le titre de docteur ès lettres qu'on lui destine alors. Une vaste fumisterie selon elle quand on pense aux préjugés sexistes dont les femmes continuent de faire l'objet. « La société est entièrement corrompue » : voilà son constat qui est aussi celui de son héroïne Eleanor Pargiter. Désormais vie réelle et vie imaginaire coïncident si bien que Virginia finit par introduire des extraits de son livre dans son Journal, ne sachant plus très bien qui parle, d'elle-même ou de son personnage. Elle observe, note, donne une conférence sur la profession des femmes et engrange « assez de poudre pour faire sauter la cathédrale de Saint Paul ». C'est une période d'ouverture au monde et de profonds bouleversements intérieurs. Virginia Woolf change et ses centres d'intérêt aussi. Elle lit avec avidité des ouvrages de vulgarisation scientifique mais aussi des revues politiques. Tout ce qui semble le plus éloigné de son propre univers devient sujet de fascination et d'étude. Comme toujours Virginia met toute sa passion au service de ces nouvelles causes qu'elle a faites siennes. L'état de son pays mais aussi la condition de la femme. Autour d'elle le monde vacille et les conversations reviennent inlassablement sur les événements qui se déroulent alors en Europe. Leonard a quitté *The Nation* en 1930 et ne s'occupe plus que de politique. Il est en première ligne pour avoir une juste évaluation de la situation. Virginia ne dit rien. Elle a conscience de ne pas être sur son terrain de prédilection. On le lui fait suffisamment sentir. Elle, l'intellectuelle coupée du monde et de ses réalités. Et puis comment oser affirmer une opinion face à un mari qui maîtrise tellement mieux le sujet qu'elle ? Virginia Woolf feint de se conformer au seul rôle qu'on lui a jamais concédé : celui de l'immaturité. Pourtant sa perception intuitive des faits est d'une grande justesse et les livres qu'elle écrit en cette époque troublée, des *Années* à *Entre les actes* en passant par *Trois Guinées*, témoignent tous de son interrogation quant à la place de l'écrivain dans la société. En juin 1933, fatiguée d'être toujours sur la brèche entre la rédaction si complexe des *Années* et la finalisation de *Flush*, elle part pour Sienne avec Leonard. À l'image de leur précédent périple en Grèce, ce voyage en Italie a un parfum de nostalgie. Virginia se souvient d'avoir visité ce pays dont elle aime les couleurs et les odeurs de poussière il y a plus de vingt ans déjà avec Leonard. Il y a bien plus longtemps encore, en 1904, à la mort de Leslie avec son amie Violet Dickinson à qui elle écrit qu'elle « n'aime pas du tout l'Italie fasciste ». Un sentiment de peur et d'impuissance commence doucement à s'immiscer en elle. Il ne la quittera plus.

On ne compte plus les préjugés attachés à Virginia Woolf. Son snobisme. Sa frivolité. Sa méchanceté. Sa fragilité. Son irresponsabilité. Sa faculté à se couper du monde et de ses réalités. Autant d'étiquettes dont il devient pourtant de plus en plus difficile de l'affubler au fil de son existence. Quel lien entre la petite Ginny et cette femme fermement décidée à faire entendre sa voix, fût-elle contraire à tous les courants de pensée ? On ne veut voir que la jeune fille éthérée du 22 Hyde Park Gate alors que Virginia Woolf est beaucoup plus complexe, irréductible, insaisissable. À partir de cinquante ans sa vie s'inscrit sous le signe d'un volontarisme qui permet d'appréhender l'ensemble de son parcours sous un angle fort différent. À commencer par la maladie. Pourquoi avoir retenu de cette femme ses dépressions chroniques, ses tentatives de suicide à répétition et ses accès de démence plutôt que l'extraordinaire courage dont elle a fait preuve pour venir à bout, malgré sa « maladie sinistre », d'une œuvre aussi riche et complexe ? Pourquoi avoir mis en avant sa fragilité alors que c'est précisément sa force qui est stupéfiante ? Après chaque crise qui la laisse dans un état de délabrement physique et psychologique extrême, Virginia Woolf trouve encore et toujours le courage de s'atteler à nouveau à la tâche. Que ce soit en 1913 pour finir son premier roman alors qu'elle est dans un état qui nécessite l'internement. Que ce soit en 1918 lorsqu'elle entame *Nuit et Jour* dans le seul but de garder la tête hors de l'eau entre deux périodes d'immersion dans la démence. Que ce soit en 1930 quand elle écrit *Les Vagues* et voit à nouveau se profiler les signes avant-coureurs de la dépression. Que ce soit en 1936 quand elle termine *Les Années* et qu'elle traverse une crise de désespoir dont la violence lui rappelle la fin éprouvante de *La Traversée des apparences*. Alitée, amaigrie, exsangue, victime d'hallucinations, de maux de tête effrayants, Virginia Woolf continue encore et toujours. Aller de l'avant est sa devise. Quelles que soient les circonstances. Si ses symptômes frappent l'imagination par leur violence et leur récurrence, ils ne sont que l'envers d'un incroyable pouvoir de récupération que la romancière ne cesse de mettre à l'épreuve et que l'on passe trop souvent sous silence. Certes Virginia Woolf est sujette à l'évanouissement mais sa propension à se remettre d'aplomb demeure sidérante. Dès qu'elle va mieux, Virginia élabore des plannings de travail d'une ambition démesurée. Elle veut tout lire, tout comparer, s'essayer à tous les genres et tient une comptabilité minutieuse de ce travail d'Hercule auquel elle se soumet sans relâche. Nombre de mots écrits par jour, nombre de livres lus, nombre d'articles à écrire. Tout y passe. Avec une obstination farouche, Virginia s'impose des contraintes draconiennes qui sont autant de garde-fous. Sa puissance de travail n'est jamais que l'envers de sa folie :

> Je n'arrive à surnager que grâce au travail (...) je ne sais pas d'où cela vient. Dès que je m'arrête il me semble que je m'enfonce, que je m'enfonce. Et comme toujours, je suis persuadée que si je plonge plus avant, j'atteindrai la vérité.

L'écriture est la seule issue que cette femme qui se définit elle-même comme « une mélancolique de naissance » ait trouvée pour se sauver. Chaque livre est une victoire sur la maladie. Un combat contre les ténèbres dont la romancière ressort toujours victorieuse mais rarement apaisée. En 1934 sa théorie de l'immunité, si elle la protège des attaques d'autrui, ne peut rien contre son pire ennemi : elle-même. Avec *Les Années* les symptômes de la dépression font à nouveau surface. « Écrire est un effort, écrire est le désespoir même », note-t-elle dans son Journal au sujet de « ce livre interminable ». Le plus souvent alitée, en proie à ses démons intérieurs, la romancière ne peut guère travailler plus d'une heure par jour tant sa santé reste précaire. Le contexte social n'est guère plus réjouissant qui participe à alimenter son mal-être chronique. Le nom de Hitler est sur toutes les lèvres et Virginia se demande ce qu'elle peut faire pour prendre parti, hormis ce qu'elle fait déjà : écrire et se tenir au courant au jour le jour de l'évolution de la situation en Europe. Même si le couple reçoit des amis à Rodmell, le cœur n'est pas à la fête et Virginia avoue qu'elle aime autant voir les gens arriver que les voir partir. À la fin de cet été caniculaire où les visites se sont succédé à un rythme bien trop soutenu à son goût, Virginia s'apprête courageusement à se remettre à ce livre dont elle ne parvient pas à voir le bout lorsqu'une sinistre nouvelle brise net son élan.

Le 2 septembre 1934, Vanessa est venue comme souvent passer le week-end à Monk's House. Sur la terrasse chacun profite avec délectation de la fraîcheur du soir quand Vanessa accourt en larmes : Roger Fry vient de mourir. Pour Virginia c'est un choc sans précédent. Plus violent encore que celui qu'elle avait éprouvé à la mort de Lytton Strachey. Pour Vanessa c'est le sentiment d'être veuve alors que sa liaison avec le peintre était achevée depuis longtemps. Dix jours plus tard les deux sœurs se rendent au crématorium de Golder's Green. Il fait une chaleur étouffante, ce qui contribue à rendre la situation encore plus irréelle. Il y a quelques semaines à peine, Virginia recevait une lettre vive et énergique de cet homme dont elle a toujours admiré le talent et la gaieté. « Une grande âme douce », si curieux de tout, si généreux. Et puis soudain plus rien. À quarante ans d'intervalle, Virginia éprouve la même sensation de dédoublement que le jour des obsèques de sa mère. La même crainte de ne pas être capable d'émotion qui semble occulter à dessein l'étendue de sa peine. Dans les jours et les semaines qui suivent elle ne cesse d'écrire dans son Journal cette phrase comme pour tenter d'en admettre le sens : « Roger est mort. » Un constat dont elle ne parvient pas à se remettre. Comme si la disparition de son ami avait définitivement brisé quelque chose en elle. Privée de cet homme, la vie semble dépourvue de sens : « Comme si on se heurtait à un mur. Un tel silence. Un tel appauvrissement. Que de choses il réverbérait. » La mort de Roger Fry qui vient raviver la douleur de la perte de Lytton Strachey s'apparente à un point de non-retour dans la vie de Virginia. Désormais c'est le sentiment de l'inutilité qui va prévaloir. À quoi bon ce roman avec lequel elle a le sentiment de se débattre depuis trop longtemps ? À quoi bon cette lutte forcenée qu'elle mène quotidiennement sur tant et tant de fronts ? « Nous luttons tous avec nos cerveaux, nos passions et tout le reste, tout cela pour être vaincus », note-t-elle dans son Journal un jour de désespoir. Ce que réveille la mort de ce peintre qui a eu tant d'importance pour elle, c'est le sentiment de l'imminence de sa propre mort. Un à un les amis disparaissent. Virginia ne le supporte pas. Elle se retrouve seule confrontée à son ennemi de toujours : la dépression. De nouveau cette impression de voir « des rais de lumière comme autrefois » et ces douleurs intolérables qui la clouent au lit. Mais comme toujours son instinct de survie refait surface. Quelques semaines après les obsèques de son ami, elle envisage d'écrire sa biographie. Une manière de continuer un bout de chemin avec lui.

« Une chance difficile, splendide, bien plus difficile que de chercher un sujet. Mais à condition d'être libre. » Or Virginia ne l'est pas. Elle n'a même pas terminé le premier jet des *Années*. Qu'importe, le travail ne lui fait pas peur. Elle se jette dans ce nouveau projet avec l'énergie du désespoir qui est alors la sienne.

Étrange Virginia qu'on a souvent voulu résumer à une équation tandis qu'elle n'est que contradictions. On l'imagine victime de cette maladie qui l'a contrainte à passer tant d'heures solitaires dans le noir, elle affirme dans un élan de provocation qui résume bien sa manière d'appréhender l'existence : « La folie m'a sauvée. » Tout Virginia est là. Dans ce refus de céder devant l'implacable réalité. Dans cette volonté de retourner toutes les situations à son avantage, y compris les plus désespérées. Mais le mythe ne s'intéresse qu'à la face apparente de son mal. Certes elle est, comme elle le dit elle-même, une femme « qui marche au bord du gouffre ». Mais elle parvient à faire de son handicap un avantage. De sa folie, une religion. Très tôt Virginia comprend intuitivement quel profit elle peut tirer de sa maladie. Dès 1925 la représentation qu'elle donne de ses symptômes dans *Mrs Dalloway* montre à quel point elle a une connaissance précise de ce dont elle souffre. Elle ne parvient pas à maîtriser son mal comme elle le voudrait, ou plus exactement comme son mari le voudrait, mais se montre très perspicace en revanche dès qu'il s'agit de l'analyser. Tout son Journal peut se lire à la manière d'une radiographie fidèle de l'évolution quasi quotidienne de son état de santé. Sentiment de torpeur, migraine, excitabilité, abattement, délire. Virginia note tout. Dès 1919 elle commence à entrevoir la particularité de son cas :

C'est surtout la clarté de vision suscitée lors de ces moments qui provoque la dépression, écrit-elle dans un moment de lucidité. Mais lorsqu'on peut l'analyser on est sur la bonne voie.

C'est à cette période, alors qu'elle a déjà fait plusieurs séjours en maison de repos et consulté de nombreux médecins, qu'elle découvre l'envers de sa maladie : la créativité. Désormais, si elle appréhende toujours autant les périodes de crises qu'elle sent venir avec la sûreté de celle qui ne connaît que trop son mal, elle sait aussi qu'elle en ressortira enrichie. C'est en 1930 qu'elle décrit pour la première fois le phénomène qu'elle a eu tout loisir d'observer :

Quelque chose se produit dans mon esprit. Il refuse de continuer à enregistrer. Il se ferme. Il devient une chrysalide. Je reste plongée dans la torpeur, souvent accompagnée d'une douleur physique intense (...) puis tout à coup quelque chose jaillit (...) Les idées se précipitent en moi.

C'est à ce moment-là qu'elle commence à parler de ce qu'elle appelle le versant mystique de la maladie. Ses crises vécues jusque-là comme une fatalité s'apparentent alors à un mal nécessaire. En 1922, quand elle en parle à E.M. Forster, elle occulte sciemment les heures de souffrances pour privilégier l'intérêt de sa singulière expérience. Pourtant son mal est tel qu'il n'est pas rare qu'elle envisage le suicide. Quand elle sent venir cette « bizarre palpitation d'ailes », Virginia sait qu'il ne sert à rien de lutter. La « déraison » est toujours la plus forte. Les périodes de crises correspondent généralement à des phases de gestation. L'écriture vient ensuite comme une victoire de la raison sur les ténèbres de la folie. Virginia le sait qui s'auto-diagnostique avec une perspicacité beaucoup plus efficace que tous les médecins réunis. Elle le mesure à chaque livre, sachant toujours par quelle extrémité il lui faudra en passer afin d'atteindre à la vérité. « C'est la seule compensation : une sorte de noblesse, de solennité », écrit-elle dans son Journal. C'est aussi la raison pour laquelle elle nourrit une telle méfiance envers la psychanalyse. Dans les années trente, alors que son propre frère, Adrian, a embrassé la profession de psychanalyste, alors que la Hogarth Press publie les œuvres de Freud, Virginia persiste à refuser de se faire analyser. Pour cette femme qui a vécu toute sa vie en compagnie de la folie la seule perspective d'en être débarrassée correspond à une crainte viscérale : celle d'être dépossédée de son don. La légende n'a voulu voir en Virginia Woolf qu'une victime. Vision d'autant plus parcellaire que toute son œuvre témoigne de son combat mais aussi de sa victoire sur la maladie. De *La Traversée des apparences* à *Entre les actes*, chaque livre est un îlot de lumière conquis sur les ténèbres de la folie.

À dater de la mort de Roger Fry l'existence semble bien morne. La perspective même de raconter la vie de son ami lui paraît harassante. « Et Roger est mort. Et écrirai-je un livre sur lui ? Et toutes ces cendres qu'il faut remuer, du moins avec le désir d'en faire le plus de feu possible. » Le 15 novembre 1934 Virginia s'attelle courageusement à la réécriture des *Années*. Comme toujours elle s'impose une discipline de fer : dix pages par jour pendant trois mois. En relisant ses anciens cahiers elle se rappelle avoir « éprouvé le même profond malaise après les *Vagues*. Et après le *Phare*, je m'en souviens, j'ai été près du suicide comme jamais encore depuis 1913 ». Pour tenir le choc elle reprend donc en parallèle l'écriture d'une pièce « par manière de plaisanterie » : *Freshwater*. Il s'agit d'une farce qu'elle entend terminer aux alentours de Noël. La représentation a lieu le 18 janvier 1935, dans l'atelier de Vanessa, pour les seize ans de sa fille Angelica. Peu convaincue par ses propres qualités d'auteur dramatique, la romancière voit surtout dans cette réunion familiale la perspective de s'amuser. D'ailleurs, pour ses neveux comme pour ses amis, Virginia fait partie de ces gens avec qui il est difficile de s'ennuyer. Celle qui ne ratait jamais une occasion de faire son numéro lorsqu'elle était enfant n'a rien perdu de son charisme. Ses neveux se moquent volontiers du comportement excentrique de leur tante, mais sont certains de passer avec elle d'irrésistibles moments. Virginia est une tante peu ordinaire à qui les enfants de Vanessa demandent souvent conseil.

Julian l'aîné a des velléités littéraires et n'hésite pas à lui faire lire ses textes. La romancière a souvent la dent dure avec lui. Elle se le reproche mais ne parvient pas à lutter contre le sentiment d'être menacée par ce rival en herbe. Avec Quentin les rapports sont plus décontractés. Il veut peindre et Virginia n'a de cesse de lui prouver qu'il doit abandonner ce projet pour faire comme elle : écrire. Il collabore avec elle au *Charleston Bulletin*, version moderne du *Hyde Park Gate News* du temps où Virginia était enfant. La biographie qu'il publiera à la Hogarth Press en 1972 influencera beaucoup la vision que les Britanniques auront de Virginia. Dans ces deux volumes, Quentin Bell se révélera souvent fort partial à l'égard de sa tante, participant à sa manière à l'élaboration du mythe. En accentuant à dessein la « folie » mais aussi la « pruderie » de Virginia, il contribuera à la confiner dans son personnage de « démente » éthérée. Avec Angelica, la romancière se montre sous un jour tout aussi fantasque qui est contrebalancé par une attitude à la fois protectrice et enfantine. Les enfants de Vanessa ne sont pas tendres avec celle qu'ils appellent leur « pauvre tante ». En revanche nombreux sont ceux qui louent la fantaisie et l'irrésistible drôlerie de Virginia sans arrière-pensées. Le soir de la représentation théâtrale, la famille au grand complet est enrôlée. Vanessa, Julian, Quentin, Angelica, Leonard, Duncan et même Mitzi, le ouistiti. Virginia quant à elle fait office de souffleuse et prend un malin plaisir à venir saluer affublée d'un bonnet d'âne. La pièce est un succès. La soirée aussi. Dès le lendemain Virginia se remet au travail avec une nouvelle idée en tête. Écrire un pamphlet antifasciste.

Le 6 mai 1935, les Woolf partent en vacances à bord de leur voiture pour faire le tour de l'Europe. Ils ont dans l'idée de rester une semaine en Hollande puis quelques jours en Allemagne avant de rejoindre Vanessa et ses enfants à Rome. Tous leurs amis s'étonnent que les Woolf projettent de passer par l'Allemagne où a été élu un dictateur qui ne fait guère mystère de ses convictions racistes et antisémites. En 1935, personne en Angleterre ne peut ignorer la perspective d'un conflit mondial. Leonard bien que juif persiste. Pour Virginia c'est l'occasion de voir de plus près de quoi il retourne. En Hollande, elle se félicite de ne déceler « aucun signe de crise, ni de guerre ». En Allemagne, l'atmosphère est en revanche beaucoup plus chargée. Heureusement les Woolf ont emmené dans leur périple Mitzi qui ne quitte pas l'épaule de son maître et constitue un motif d'attraction qui facilite le passage des frontières. Alors qu'ils se dirigent vers l'Autriche, Leonard et Virginia vont faire une curieuse expérience. À quelques kilomètres de la frontière, ils se retrouvent dans une manifestation en l'honneur de Goering, cernés par des slogans qui préfigurent le cauchemar à venir : « Le Juif est notre ennemi. » Dès lors le couple n'a qu'une hâte : quitter au plus vite ce pays cauchemardesque et rejoindre l'Italie et la Ville éternelle avant de regagner l'Angleterre.

À la veille de son départ Virginia avait écrit cette

phrase prémonitoire : « Tout désir de pratiquer l'art d'écrire m'a complètement abandonnée. » En 1935 ce n'est pas encore totalement vrai. Pourtant la pression du contexte social associée à ses difficultés personnelles contribue à resserrer l'étau de ses angoisses. Le 3 novembre 1936, elle porte enfin les épreuves de ce livre qui a bien failli la tuer à son mari, persuadée de n'avoir écrit qu'« un bavardage insignifiant ». Cinq jours plus tard Leonard affirme que *Les Années* est un livre remarquable. Pour la première fois, il ment. Il a moins aimé ce roman que les précédents mais il sait que sa femme a plus que jamais besoin de son soutien. Virginia n'est pas dupe :

> Voici venu le temps de la dépression après celui de la congestion et de la suffocation (...) Il se peut que je sois pessimiste mais je crois déceler une certaine tiédeur dans son verdict.

À la sortie du livre en mars 1937 c'est un succès sans précédent. La plus grande réussite commerciale de la Hogarth Press qui doit faire plusieurs tirages pour répondre à la demande tandis qu'aux États-Unis se vendent plus de douze mille exemplaires en un mois. La presse salue ce best-seller qu'elle estime être un véritable chef-d'œuvre. Pour Virginia c'est un immense soulagement et le couronnement amplement mérité de ses cinquante-cinq ans. Une fois n'est pas coutume, la romancière « salue cette femme si terriblement déprimée » qu'elle a été pendant ces longs mois et qui est parvenue malgré tout à faire ce qu'elle voulait. Débarrassée de son fardeau, elle s'attaque aussitôt à cet essai antifasciste qu'elle rumine en secret depuis plusieurs mois : *Trois Guinées*. Tout porte à croire que l'année 1937 débute sous de meilleurs auspices. Virginia semble avoir retrouvé goût à la vie. De nouveaux projets sont à l'ordre du jour. C'est compter sans la présence d'un ennemi de taille.

La guerre fait irruption dans la vie de Virginia Woolf deux ans avant la date fatidique. Le 18 juillet 1937, Julian Bell, fils aîné de sa sœur, est tué près de Barcelone. Pendant des mois Virginia avait tenté de dissuader son neveu de rejoindre l'Espagne en pleine guerre civile. Si elle comprenait son désir de combattre le fascisme émergeant en Europe, elle désapprouvait totalement toute forme de guerre. Julian avait persisté, contre l'avis de tous, à vouloir se joindre à l'aide médicale espagnole. Le jour de son départ Virginia s'était doutée qu'elle ne le reverrait jamais. La mort de ce neveu avec qui elle aimait parler littérature lui rappelle celle de Thoby, à ce détail près qu'avec son frère elle « sentait qu'ils étaient du même âge ». Le temps passe et fait sa triste besogne, décimant les jeunes et les moins jeunes, mais Virginia n'a pas le loisir de s'apitoyer sur son sort. Sa sœur a besoin d'elle. Une fois n'est pas coutume. Virginia vient la voir chaque jour, la soutient, la console. À présent qu'il n'est plus temps, elle regrette de ne pas avoir suffisamment encouragé et soutenu son neveu dans sa vocation littéraire. Autant Virginia ne semble avoir eu qu'une conscience lointaine de la Première Guerre mondiale, autant la Seconde va dévaster sa vie. Dès 1935 elle note dans son Journal une phrase qui permet de mesurer à quel point elle est déjà consciente du danger : « La guerre est inévitable. » Pourtant comme toujours Virginia feint de ne pas être en mesure d'appréhender à sa juste valeur la menace qui plane alors sur l'Europe. Leonard, lui, multiplie ses activités au sein du parti travailliste. Il rentre souvent tard de réunions. Et les rares soirs où il est à Tavistock Square, c'est en compagnie de ses amis avec qui il passe des nuits entières à évaluer les risques de conflit. Virginia se plaint d'être en permanence au cœur des faits, ce qui contribue à accentuer son sentiment d'insécurité. Leonard affirme que « la politique doit être séparée de l'art » et l'encourage vivement à se tenir à l'écart de ses propres centres d'intérêt. D'ailleurs il part du principe que les sujets sérieux sont pour sa femme une occasion de faire « la sotte ». C'est la seule parade que Virginia ait trouvée pour exister sur un terrain où elle n'est pas certaine d'avoir sa place : la réalité. Plutôt que de rivaliser avec cet homme qui sur le plan politique « en fait assez pour deux ou même pour douze », elle préfère jouer les romancières évaporées en se targuant de ne pas savoir orthographier le nom de ce pays que l'Italie vient d'envahir : l'Abyssinie. Mais ce jeu ne trompe personne hormis ses détracteurs qui en font une pièce maîtresse à ajouter au dossier de sa prétendue frivolité. En réalité Virginia Woolf a parfaitement senti monter la menace nazie et ce qu'elle laisse présager. C'est même la raison pour laquelle elle ne résiste pas à

l'impulsion d'écrire un pamphlet antifasciste sans
bien mesurer sur quel terrain glissant elle est en
train de s'aventurer. C'est aussi la raison pour
laquelle elle s'engage au sein de Vigilance, un
comité antifasciste. C'est enfin la raison de son
voyage en Allemagne qui a été si mal perçu. L'in-
compréhension est la constante de ces années
d'avant-guerre. Pour preuve *Trois Guinées* qui va
être censuré. Comme si le fait de défendre la cause
des femmes interdisait de facto toute crédibilité
politique. La romancière elle-même contribue à
brouiller les cartes, affirmant à l'envi que ses vues
en la matière sont sans doute « inexactes ». Voire
« partiales ». Une franchise désarmante qui ne fait
qu'aggraver son cas et apporter de l'eau au moulin
de ses ennemis. Si on tolère la veine féministe de
cette romancière dont on considère qu'elle se com-
plaît dans un genre éthéré et sentimental, on lui
refuse en revanche l'accès au politique. Il ne faut
pas mélanger les genres. Or, c'est justement là la
spécificité de Virginia Woolf. Ne jamais se laisser
enfermer. Ni dans un genre, ni dans un contexte, ni
dans un registre, ni dans une identité. Virginia veut
casser les moules. Inventer des formes nouvelles.
Tenter des aventures inédites. Laisser libre cours
aux différents « moi » qui la constituent. Au risque
d'être incomprise. Plus Virginia Woolf avance en
âge, plus elle fait abstraction du regard d'autrui et
creuse son sillon avec obstination. Tout en la pro-
tégeant, sa théorie de l'immunité contribue aussi à
faire le vide autour d'elle. Le sentiment d'exclusion
qu'elle éprouve depuis l'enfance à l'image de cer-

tains de ses personnages n'a jamais été aussi vif qu'au cours de ces années où elle le revendique haut et fort. Même son mari qui a toujours été son plus fidèle allié semble alors se détacher d'elle. La politique est à l'origine de leurs premières dissensions. Bien qu'ayant d'abord milité activement en faveur du désarmement, Leonard est désormais favorable à la guerre. Comme bon nombre de leurs amis communs d'ailleurs, de T.S. Eliot à Clive Bell en passant par Saxon Sydney-Turner. Virginia, elle, veut continuer à croire envers et contre tout au pacifisme. Elle est taxée d'immaturité, voire d'utopisme. En 1938, lors de la parution de *Trois Guinées*, personne ne la soutient hormis quelques suffragettes de la première heure qui estiment que le livre est trop novateur pour pouvoir être compris. Vita Sackville-West trouve le livre provocant, Maynard Keynes tout simplement « bête ». Leonard, quant à lui, sort pour la première fois de sa réserve et affirme que c'est son « plus mauvais livre ». Tout le monde pense en secret que la romancière aurait mieux fait de s'abstenir de mêler la question du droit des femmes à celle qui occupe tous les esprits : le fascisme. Virginia, elle, a le sentiment d'avoir dit ce qu'elle avait à dire. « Comme écrivain et comme être humain. » Pour la première fois de sa vie elle se sent enfin totalement libre. Pour la simple raison qu'avec ce livre elle a pris position. Peu importe si elle n'est pas suivie. Elle note dans son Journal le 26 avril 1938 comme pour fixer la date de son véritable affranchissement :

> Je n'ai peur de rien. Je peux faire ce qui me plaît. J'ai cessé d'être célèbre, d'être sur un piédestal (...) Je suis indépendante à jamais. Voilà mon sentiment.

L'expérience de *Trois Guinées* va être pour Virginia une occasion d'éprouver sa nouvelle théorie de l'immunité. Les réactions hostiles que ne manque pas de susciter le livre ne la surprennent pas. Avant même de l'avoir terminé la romancière pressentait que cet essai qui s'inscrit pour elle dans la continuité des *Années* serait plus un motif de souci que de satisfaction. Une fois de plus elle a vu juste. Et on peut même se demander dans quelle mesure elle n'a pas, inconsciemment, provoqué ce rejet. En allant contre l'opinion courante Virginia était certaine de mettre à l'épreuve sa nouvelle philosophie. « C'est une sensation étrange que d'écrire à contre-courant. Et difficile d'ignorer complètement le courant, note-t-elle dans son Journal avant d'ajouter : Cependant il le faut. » C'est pour la romancière un profond motif de fierté que d'avoir été capable de mettre en application ses nouveaux principes. Envers et contre tous. Un changement majeur vient de s'opérer qu'elle n'hésite pas à qualifier de « conversion spirituelle ». À cinquante-six ans, avec ce livre controversé elle conquiert une liberté nouvelle et accepte d'en payer le prix. Pour la première fois elle se surprend à ne pas prendre ombrage des critiques acerbes. Le livre est un fiasco, mais peu importe : la réussite de Virginia est ailleurs. Dans ce détachement soudain. Dans ce sentiment de délivrance qu'elle a si souvent appelé de ses vœux. Le 3 juin 1938, tandis que la critique passe son essai à tabac, Virginia est à Rodmell plus sereine que jamais. Grâce à ce livre incompris elle vient de mettre un point final à une lutte qui dure depuis des années. La réussite prend parfois des chemins inattendus. Virginia toute sa vie n'a cessé de la solliciter, s'inquiétant constamment de l'accueil de ses livres, des commentaires qu'ils allaient susciter, de la manière dont elle-même allait être perçue, du fait d'être ou pas une romancière à la mode. Tout son Journal témoigne d'un besoin de réussite irrépressible. D'ailleurs elle confie une fonction bien précise à ses cahiers : celle de « constituer (le) graphique de sa progression ». Pas de temps mort pour Virginia. Il faut toujours aller plus avant. Toujours « être sur la piste de quelque chose ». Toujours prouver qu'elle est « l'une des meilleures romancières » de son temps. La multiplication de ses activités participe d'une même stratégie de réussite. Virginia a toujours plusieurs fers au feu afin de pouvoir « tourner sur son oreiller du côté où soufflera la fortune ». La romancière peut manquer de succès, l'éditrice ou la critique littéraire viendra prendre le relais. Virginia Woolf est prête à parer à toutes les éventualités. On l'imagine ardente et passionnée. Elle sait aussi se montrer pragmatique et volontaire. Jusqu'à cinquante ans Virginia peut survivre à tout sauf à l'échec. C'est la raison pour laquelle elle apparaît souvent comme l'analyste la plus fiable de sa propre tendance, sachant parfaitement détecter quand elle a le vent en poupe mais aussi quand elle est en passe de devenir démodée. En 1938 elle se sait hors jeu. Mais ce qui est nouveau, c'est que pour la première fois elle s'en félicite. Sa grande victoire c'est d'avoir réussi à dépasser ce besoin compulsif et tyrannique de réussite. Celle qui écrivait près de trente ans plus tôt : « Je veux donner l'illusion d'un sentiment de réussite. Même à moi » vient d'accomplir une avancée décisive. Désormais elle est seul maître à bord. Étrangement c'est au moment même où elle renonce à cette gloire si convoitée qu'elle mesure pleinement l'impact qui a été le sien : « Je veux dire que je n'aurais jamais cru que j'étais aussi célèbre », note-t-elle en novembre de la même année tandis qu'elle s'apprête déjà à livrer d'autres combats.

En 1938, tandis que Hitler envahit l'Autriche, les Woolf n'envisagent nullement de quitter l'Angleterre. Pour Virginia, après six années d'efforts et d'angoisses pour venir à bout de ces deux livres qui dans son esprit n'en font qu'un — *Les Années* et *Trois Guinées* —, c'est la remise en route des anciens projets et la perspective de nouveaux. Après trois ans de lectures, d'archivages et de notes multiples et variées, la romancière s'attelle enfin à la biographie de Roger Fry. Pour elle c'est une étrange aventure qui commence. Au départ comme toujours l'enthousiasme prévaut. Mais aussi le désir de faire autre chose. Non seulement par rapport à ses précédents livres mais aussi par rapport à ses prédécesseurs. « Le grand écrivain se reconnaît à son pouvoir de briser impitoyablement ses moules », note Virginia qui ne perd pas une occasion de mettre ses propres principes en application. Son projet consiste dans un premier temps en une approche impressionniste. Elle entend illustrer les qualités du peintre par les événements de sa vie de manière à « être très libre avec la suite des faits ». Au fil des mois elle s'émerveille de découvrir à travers ses carnets et sa correspondance un homme bien plus complexe que celui qu'elle croyait connaître. C'est une sorte de révélation que cette « amitié posthume » qu'elle confie aussitôt à sa sœur. Pourtant, devant la prolifération des documents récoltés, les premiers doutes commencent à apparaître. Virginia se sent contrainte et freinée par l'assommante chronologie et ses menus détails sur lesquels elle avoue suer sang et eau. Bientôt elle ne voit plus que le côté scolaire de l'exercice. Ce travail prend des allures de pensum mais elle se sent une dette envers le peintre qui est le meilleur des aiguillons. Pour se donner du cœur à l'ouvrage, Virginia adopte une tactique qui lui est propre et qui a la faculté de raviver sa créativité : elle entame un autre livre. Elle envisage alors de l'appeler *Pointz Hall* et rêve d'une structure musicale en tout point opposée à l'architecture solide imposée par *Roger*. En juin, les Woolf profitent des vacances pour redécouvrir leur pays mais Virginia reste hantée par l'idée de faire avancer ses projets. Elle a cinquante-six ans et note dans son Journal que Gibbon à son âge « se donna encore douze ans et mourut subitement ». L'obsession de la mort qui ne cesse de la tarauder refait surface. Non seulement la sienne mais aussi celle de ses proches et plus encore sans doute celle qu'elle sent rôder autour d'elle comme une menace qui chaque jour se rapproche. Virginia suit au jour le jour l'évolution du contexte mondial. Elle lit les journaux, écoute la radio, se perd en conjectures sur l'avenir de son pays pour finir par mesurer comme tout un chacun l'étendue de son impuissance. En ces temps troublés son seul refuge c'est le travail. « Penser est mon combat », écrit-elle, s'astreignant plus que jamais à une discipline de fer. Sans doute espère-t-elle ainsi compenser un sentiment nouveau qui l'envahit de plus en plus souvent : celui de son inutilité. À quoi bon écrire quand l'ennemi est aux portes de l'Angleterre ? « Hitler a maintenant son million d'hommes sous les armes. S'agit-il de grandes manœuvres d'été ? Ou... ? » note-t-elle avec anxiété au plus fort de l'été. Face à cette menace qui se précise tous les jours un peu plus, Virginia éprouve un étrange sentiment d'irréalité. Comme si la vie que chacun continuait de mener n'avait plus de sens. Comme si toute entreprise devenait dérisoire. Accumuler de menus détails pour une biographie. Écrire un roman. Vivre même. « Que signifierait la guerre ? L'obscurité, l'angoisse, et aussi je suppose la possibilité de mourir (...) » Une fois encore la romancière surmonte ses doutes en se jetant à corps perdu dans le travail. En janvier 1938, Franco triomphe à Barcelone, en mars c'est Hitler qui entre dans Prague. Alors que son Journal retranscrit quotidiennement l'avancée des Allemands, Virginia, elle, veut « pen-

ser à Roger, pas à Hitler ». Une attitude volontariste qui lui permettra de survivre dans les mois qui
vont suivre. Même si sa concentration est de plus
en plus fragile, même si elle s'interroge de plus en
plus souvent sur l'intérêt de poursuivre son travail,
Virginia fait ce qu'elle a toujours fait : lutter. Mais
cette fois elle se sent définitivement cernée. La mort
est partout. En elle, autour d'elle, se rapprochant
de jour en jour. C'est un sujet qu'elle aborde à
maintes reprises avec Leonard qui prétend avoir
appris à ne pas y penser. Virginia, elle, trouve une
autre parade.

En 1939, encouragée par sa sœur, qui affirme
que si elle ne s'y met pas maintenant elle sera bientôt trop vieille, la romancière entame un récit autobiographique : *Une esquisse du passé*. En se
réfugiant dans ses souvenirs, elle espère oublier les
soucis du présent. Mais là encore elle se retrouve
confrontée à la mort. En voulant raconter son
enfance, Virginia se condamne à revivre par le
menu les épisodes douloureux d'autrefois. La mort
de Julia, de Stella, de Thoby, de son père. Peu à
peu ses symptômes dépressifs réapparaissent. Mais
Virginia continue. Lorsqu'elle n'est pas en pensée
à Hyde Park Gate elle « travaille à Roger », cet
autre disparu. Le 15 avril, elle entend en finir avec
« cette année d'esclavage » et redouble d'efforts. Le
temps presse. Virginia se sent menacée sur tous les
fronts. La vieillesse qu'elle s'efforce de tenir en res-
pect. Le spectre de la dépression qui refait surface.
La menace fasciste qui gagne chaque jour du ter-

rain. De tous côtés l'étau se resserre. Pourtant Virginia n'a jamais semblé aussi gaie. Plus la vie devient incertaine et dérisoire, plus elle s'attache à faire de chaque menu moment de l'existence une fête. Dans son Journal, le contraste entre l'imminence de la guerre et son désir de bonheur est saisissant. Comme si Virginia tentait désespérément de se raccrocher à la vie pour ne pas sombrer. Au dire de Vanessa et de ses enfants, jamais elle ne s'est montrée aussi drôle et enthousiaste qu'en cette période. Tout est prétexte à rire, à se moquer, à s'amuser. Comme pour mieux tenir le malheur à distance. Seule Angelica qui a depuis toujours une profonde affection pour sa tante remarque l'étrangeté de son comportement. Virginia rit trop fort. Pose des questions saugrenues. S'enthousiasme pour des vétilles. Comme à son habitude elle fait rire l'assemblée. On la trouve charmante. Si drôle. Si inventive. Si fantasque. Si délicieuse. Toujours partante pour un nouveau jeu. Une nouvelle sortie. Une nouvelle aventure. En réalité tout dans son comportement dénote une profonde fêlure. En fait, elle oppose à la peur un puissant instinct de survie. Là où les autres s'effondrent, elle préfère s'étourdir. Quand tout clame l'imminence de la guerre, elle veut continuer envers et contre tout à croire à la paix. Si sa compagnie est tant recherchée, c'est aussi pour cette faculté qui est la sienne de forcer la main au bonheur. En 1939, alors que tout est en train de s'effondrer autour d'elle, Virginia est plus que jamais hantée par des sentiments contradictoires. Se retirer du monde et aller à Londres. Ne plus se soucier des autres et attendre leur verdict. Continuer à écrire et tout arrêter. Être anonyme et être célèbre. Jamais Virginia n'a été aussi divisée.

Plus la romancière avance en âge, plus de son propre aveu « il "lui" est difficile de (se) rassembler en une seule Virginia ». À l'orée du conflit mondial, l'écart entre ses différents « moi » semble encore se creuser. La maladie mentale n'est vraisemblablement pas étrangère à ce sentiment de dissolution auquel seule la littérature a toujours su apporter un apaisement. En écrivant Virginia Woolf laisse s'exprimer toutes les voix contradictoires qui l'assaillent et semble se réconcilier avec elle-même. Mais au seuil de la guerre la romancière éprouve de plus en plus de difficultés à faire ce qui jusque-là lui a permis de survivre. Virginia se sent vide et désemparée. Même la lecture n'est plus capable de l'apaiser. Comparée à la guerre, toute occupation paraît dérisoire. Y compris consigner ses pensées : « Ne ferais-je pas mieux de regarder le soleil couchant plutôt que d'écrire ce Journal ? » Désormais toutes ses forces sont mobilisées par un devoir de bonheur qu'elle tente désespérément d'opposer aux événements. Une approche qui n'a rien de nouveau mais que la morosité du contexte social contribue à exacerber. Dans les situations les plus difficiles, Virginia fait preuve d'une combativité qui n'a d'égale que sa fragilité. Parce qu'elle se sait vulnérable, prête à basculer à tout moment, elle est plus que quiconque dans l'obligation d'être forte. La maladie contre laquelle elle n'a cessé de lutter a vraisemblablement accentué cette ten-

dance. Virginia a fait de sa vie entière une lutte permanente et revendique d'avoir « forcé chaque
minute depuis (sa) naissance ». Cette attitude
volontariste se retrouve jusque dans l'écriture de
son Journal qui est une exhortation permanente à
se dépasser, à vaincre, à lutter. Virginia veut,
comme elle le confesse, « donner l'illusion de la
réussite » aux autres, bien sûr, mais surtout à elle-
même. C'est sa manière à elle de tenir la dépression en échec. Comme une enfant perpétuellement
inquiète, Virginia veut toujours être la première.
Elle veut que son couple soit « le plus heureux
d'Angleterre ». Elle veut être la romancière la plus
célèbre de son temps. Elle veut tout lire. Elle veut
tout écrire. Elle veut toujours progresser. Aller de
l'avant. Et elle note consciencieusement chacune de
ses avancées pour mieux se persuader de sa
réussite. Même le bonheur devient chez elle affaire
de volonté. Un soir d'insomnie elle note une de
ses phrases bilans par lesquelles elle tente de se
rassurer :

À deux heures du matin je prends conscience de ma force.
Et j'ai L., et il y a les livres, et notre vie ensemble, et nous
sommes libérés des soucis d'argent. Et si...

Et si toutes ces preuves de réussite qu'elle passe
son temps à comptabiliser pour se rassurer ne suf-
fisaient pas au bonheur ? En 1939, tandis que la
guerre menace de mettre un terme à cette course en
avant qu'a été sa vie, Virginia s'interroge plus que
jamais sur le sens de la réussite. Alors qu'elle veut,

une fois encore, ne plus être affectée par ce besoin de reconnaissance qui a empoisonné sa vie, ses discussions avec sa nièce révèlent à quel point la question de la réussite continue de la hanter. « Considères-tu ta vie comme heureuse ? » lui demande-t-elle tout à trac, ou encore : « Lequel de nos couples est le plus réussi ? » Incorrigible Virginia qui n'est jamais aussi émouvante que lorsqu'elle tente de croire à un bonheur qui se craquelle de toutes parts.

Le 3 septembre 1939 la nouvelle tombe avec la violence d'un couperet : la Grande-Bretagne vient d'entrer en guerre contre l'Allemagne. Virginia note dans son Journal : « Ce moment est le pire de tous ceux que j'ai vécus. » Dans les semaines qui suivent les Woolf vont passer la majeure partie de leur temps à Rodmell en tentant de faire face à un sentiment de vide absolu. Virginia pourtant trouve une fois encore la force de réagir. Impossible pour elle de « laisser (son) cerveau tourner à vide » sous peine de définitivement basculer. Il faut avancer comme toujours. Mais écrire devient de plus en plus difficile. D'autant qu'une question revient sans cesse la hanter. Comment continuer à noircir des pages alors que le pays est en guerre ? Le sentiment de la vanité de son art s'immisce en elle de manière insidieuse. Alors Virginia transige et se remet au journalisme tout en essayant de venir à bout de *Roger Fry*. Rien de tel que l'exercice contraignant de la critique pour lui insuffler une énergie dont elle a cruellement besoin. Parallèlement elle entame la lecture de Freud dont les théories vont influencer ses deux livres en cours. Dans *Une esquisse du passé* avec la question du père, mais aussi dans *Pointz Hall*, rebaptisé *Entre les actes,* avec celle du couple. Malgré un sentiment persistant d'inutilité, Virginia tente de se raccrocher à ses différents projets. Mais dès février 1940 la tension devient intolérable. Dans le courant du mois de mars la Norvège, le Danemark puis la Belgique, les Pays-Bas et le Luxembourg tombent aux mains des Allemands. Au mois de mai Chamberlain donne sa démission tandis que Churchill, qui prend la direction du pays, annonce sans détour aux Anglais qu'il n'a rien à leur offrir que « du sang, de la peine, de la sueur et des larmes ». Pour Virginia c'est « la pire semaine de la guerre ». Dans les jours qui suivent elle feint de prendre avec légèreté le sentiment d'irrémédiable qu'elle associe désormais à chaque acte de la vie quotidienne. Se promener. Bavarder. Mais aussi écrire. « Ne devrais-je pas finir *Pointz Hall* ? écrit-elle le 22 juin avant de préciser : Ne devrais-je pas finir quelque chose pour en finir avec tout ? » Pour Leonard comme pour tous leurs amis communs la défaite de l'Angleterre semble inéluctable et chacun s'attend au déferlement imminent des troupes allemandes. Pour Virginia travailler devient de plus en plus difficile. De plus en plus irréel aussi. Comme jouer aux boules en sachant que deux heures plus tard elle sera en train d'évoquer la question du suicide avec Leonard. Les Woolf ont toutes les raisons de penser qu'ils figurent sur la liste noire de la Gestapo. Ensemble ils ont décidé de mettre fin à leurs jours en cas de victoire allemande. Adrian leur a fourni une double dose de morphine mais, devant l'avancée des armées fascistes et nazies, Leonard tente de convaincre sa femme de s'enfermer dans le garage de Monk's House afin de se laisser asphyxier par les vapeurs d'essence du moteur de la voiture. Virginia résiste :

> Non, je n'ai aucune envie que ma vie s'arrête dans ce garage. Mon vœu serait de vivre encore dix ans afin de pouvoir écrire le livre qui comme à l'accoutumée afflue dans ma tête.

En juillet 1940, après deux ans de labeur acharné, *Roger Fry* paraît enfin. Leonard, qui a comme toujours lu les épreuves, ne cache pas à Virginia qu'il trouve le livre austère et inerte. Vanessa en revanche remercie chaleureusement sa sœur d'avoir fait revivre son ancien amant. Mais cela ne compense pas la dureté du verdict de son mari qui a toujours eu pour elle la plus grande importance. Sans compter que la critique accueille ce livre dans « un silence complet ». La vie continue malgré ce revers que la guerre contribue à minimiser. Au mois d'août c'est le début de la bataille d'Angleterre. Virginia et Leonard vivent au rythme des sirènes et des raids aériens. Le Sussex est la cible de nombreux bombardements. Le sentiment qui prédomine à Monk's House est une forme de résignation face à cette « maladie désespérée » qu'est la guerre. Le 28 août les Woolf jouent aux boules lorsqu'un avion à très basse altitude survole le jardin. Ils pensent d'abord à un exercice de tir puis reconnaissent la cocarde allemande. Jamais la mort ne les a frôlés d'aussi près. Virginia consigne l'incident dans son Journal par ces mots :

> C'eût été une mort paisible et parfaitement naturelle que d'être abattus sur la terrasse pendant une partie de boules par cette belle fin de journée d'août, fraîche et ensoleillée.

Malgré cette volonté de bonheur que la romancière s'efforce d'opposer à la guerre, la peur va peu à peu gagner du terrain et avec elle un sentiment de précarité de moins en moins compatible avec l'écriture. Désormais les Woolf vivent « abandonnés sur leur île déserte » : Monk's House. Une retraite forcée qui ramène insidieusement Virginia au temps désagréable de Richmond. Même sensation d'oppression, d'isolement, d'étouffement. Alors que le conflit semble se prolonger, Virginia supporte mal l'idée de passer le restant de ses jours dans cette campagne où les visites sont de plus en plus rares : « La vie à Rodmell est des plus insignifiantes. Cette maison est humide. Et tout est en désordre. » Au mois d'octobre les raids aériens se concentrent sur Londres. Un à un tous les lieux auxquels Virginia est attachée vont être touchés. Mecklenburgh Square d'abord. La nouvelle demeure que les Woolf viennent d'acheter et dans laquelle ils avaient commencé à transférer une partie du mobilier de Tavistock Square. La maison est inhabitable mais Virginia se félicite de constater que ses livres, et surtout les vingt-quatre cahiers de son Journal, ont été épargnés. Le 46 Gordon Square ensuite où le groupe de Bloomsbury s'était si souvent réuni, dont toutes les fenêtres ont volé en éclats. Le 52 Tavistock Square enfin entièrement soufflé par une bombe. Autant Virginia ne semble guère affectée par la disparition de Mecklenburgh Square, autant celle de Tavistock Square la bouleverse. Le 18 octobre elle se rend sur les lieux de la catastrophe avec Leonard. Il ne reste plus rien de cette maison où elle a si souvent écrit. Rien hormis un vieux fauteuil d'osier acheté du temps de Fitzroy Square qui trône, solitaire, au milieu des décombres et un panneau : À louer. Tavistock et Mecklenburgh Square bombardés, c'est toute la vie de Virginia qui s'envole en fumée. Elle passe des journées entières à errer tel un fantôme dans ce Londres qu'elle a tant aimé, qui l'a si souvent inspirée, où elle a tant rêvé et qui n'est plus que ruines et fumée. Londres bombardé est un spectacle apocalyptique dont Virginia ne se remettra jamais. Comme si sa vie entière venait d'être réduite en un vaste tas de cendres.

Ces circonvolutions familières, ces repères qui pendant tant d'années m'ont renvoyé un écho et ont tant contribué à étoffer mon identité, appartiennent désormais à un monde aussi vaste et sauvage que le désert.

Que reste-t-il ? À quoi se raccrocher ? Tout n'est plus que désolation. Même l'écriture du Journal ne semble plus offrir de consolation. À la date du 29 décembre 1940, ce constat lapidaire : « Tout désir de poursuivre ce Journal m'abandonne. » C'est un signe qui ne trompe pas. Virginia a toujours consigné ses pensées, même au plus noir de la dépression. Leonard s'inquiète. Sa femme est de plus en plus tendue, craintive, anxieuse. Elle ressasse continuellement des idées noires et éprouve un sentiment d'échec qu'aucune parole de réconfort ne semble pouvoir apaiser. *Roger Fry* n'a pas eu le succès escompté, son récit autobiographique la met à la torture, sans compter son dernier roman *Entre les actes* qu'elle estime « beaucoup trop léger et esquissé ». Virginia est épuisée, déprimée, à bout de nerfs. Le 15 janvier 1941 elle apprend la mort de James Joyce, de presque quinze jours son cadet. Les sentiments ambigus qu'elle a toujours éprouvés pour cet homme en qui elle voyait un rival n'enlèvent rien à sa peine. Mais Virginia pleure moins la disparition de l'auteur d'*Ulysse* que celle d'un monde qui lui semble désormais préhistorique. Lytton Strachey, Katherine Mansfield, Roger Fry, tous ses meilleurs amis sont décédés. Seule Virginia, vaillant petit soldat, continue de batailler avec les mots. Un combat qui lui semble chaque jour un peu plus inutile. À la mi-mars, tandis que Hitler lance son offensive dans le désert, noircir des pages lui semble une occupation dérisoire pour laquelle elle est persuadée de ne plus avoir aucun don. « J'ai perdu tout pouvoir sur les mots. Je ne peux plus rien faire avec. » Le 20, bien que terriblement insatisfaite du résultat, elle se résout à envoyer *Entre les actes* à son éditeur John Lehmann. Quelques jours plus tard elle se ravise et lui écrit dans l'espoir de récupérer son manuscrit. Pour le convaincre, elle met en avant la perte financière que ne manquerait pas de représenter la publication de ce qu'elle estime être un « mauvais roman ». Alertée par Leonard, Vanessa envoie à sa sœur une lettre pleine de tendresse dans laquelle elle la conjure d'accepter enfin de se reposer. Mais Virginia n'en fait qu'à sa tête et continue de lutter. Puisqu'elle n'arrive plus à écrire, alors elle va s'épuiser en tâches ménagères. Elle range, nettoie, frotte le sol avec une frénésie qui ne parvient pas à calmer son angoisse. La dernière page de son Journal est encore une exhortation à lutter. Le dernier sursaut pour ne pas se laisser engloutir par « cette lame de désespoir » réveillée par la menace nazie. Désormais elle affirme vouloir observer. « Observer la venue de l'âge, observer la gloutonnerie, observer mon propre abattement », écrit-elle avant d'ajouter : « Par ce moyen tout peut servir, du moins je l'espère. » Virginia se bat jusque dans ses derniers retranchements. Alors qu'elle se sait cernée par la maladie, elle tente, une fois encore, pour la tenir à distance, d'envisager la folie sous l'angle de l'étude. Mais pour la première fois cette volonté qu'elle a si souvent mise à l'épreuve, et qui lui a permis de se maintenir au bord du gouffre, ne répond plus. Quelque chose s'est rompu. Définitivement.

Le 27 mars 1941, Leonard très alarmé par l'état de sa femme l'emmène contre son gré à la clinique la plus proche. Un scénario que Virginia connaît sur le bout des doigts. Les infirmières. Les médecins. Le ton de commisération employé pour parler aux malades. Comme à Hyde Park, comme à Richmond, comme toujours, on lui demande de ne plus lire, de ne plus écrire, de se reposer. Il en va de sa santé mentale. Elle se doit d'être raisonnable. Pour Virginia le cauchemar recommence. Les visions. Les hallucinations. Les sempiternelles recommandations qui n'ont jamais servi à rien sinon à l'isoler un peu plus dans ce monde opaque et froid vers lequel elle se sent inexorablement glisser. La perspective du combat qui l'attend et dans lequel elle s'est si vaillamment illustrée pendant tant et tant d'années est désormais au-dessus de ses forces : « J'ai lutté autant que j'ai pu, mais je ne peux plus. » Dans les jours qui suivent Virginia écrit deux lettres à l'intention des deux personnes qui ont le plus compté dans sa vie : son mari et sa sœur. Deux lettres d'autant plus bouleversantes qu'elles sont l'œuvre d'une femme lucide, calme et résolue, qui explique de la manière la plus rationnelle qui soit les raisons de son acte. La lettre à Leonard sera l'objet de deux versions. La première est supposée être du 18 mars, la seconde est clairement datée du 28. En dix jours la décision d'en finir n'a fait que se confirmer. Preuve s'il en est que Virginia n'a pas cédé à une impulsion. Si le sens de ces deux dernières missives est sensiblement le même, le ton de la dernière est plus concis. Irrévocable. Sans appel. Dans ces quelques phrases à l'homme qui a partagé sa vie Virginia ne rappelle que l'essentiel. Son amour pour lui. Sa bonté. Sa patience. L'impossibilité dans laquelle elle est de traverser un nouvel épisode de démence. Et puis cette phrase qu'elle décide de supprimer au dernier moment : « Si quelqu'un avait pu me sauver, ç'aurait été toi. » Personne ne pourra sauver Virginia Woolf. Pour la première fois Leonard arrivera trop tard. Sans doute l'avait-elle inconsciemment décidé bien des années plus tôt tandis qu'elle écrivait cette phrase prémonitoire : « Pas d'adieu, pas de soumission, mais quelqu'un qui sort pour entrer dans les ténèbres. » Convaincue de son incapacité à écrire, terrorisée par la perspective de devoir faire face à une nouvelle crise de démence, cette femme si combative décide en son âme et conscience de déposer les armes. Sans renoncer pour autant à une sortie avec panache. Jusqu'au bout Virginia se tient debout. Loin d'être un renoncement, son suicide est un choix. En allant se jeter dans l'Ouse au matin du 28 mars 1941 à l'âge de cinquante-neuf ans, Virginia Woolf donne une preuve ultime de son courage et de sa volonté.

ANNEXES

1882 : Naissance d'Adeline Virginia Stephen le 25 janvier au 22 Hyde Park Gate à Londres, troisième enfant de Julia et de Leslie Stephen après Vanessa née en 1879, Thoby né en 1880, et avant Adrian né en 1883.

1888 : Virginia subit des sévices sexuels de la part de son demi-frère Gerald Duckworth (âgé de dix-huit ans), enfant d'un premier mariage de sa mère avec Herbert Duckworth.

1895 : Mort de Julia, la mère de Virginia. Apparition des premiers symptômes de la dépression. Premières agressions sexuelles de son autre demi-frère George Duckworth. Talland House est vendue.

1897 : Mariage au mois d'avril de sa demi-sœur Stella Duckworth, qui meurt en juillet des suites d'une appendicite mal soignée.

1902 : Rencontre avec Violet Dickinson de dix-sept ans son aînée.

1904 : Mort de Leslie Stephen. Nouvel épisode dépressif, Virginia tente de se jeter par la fenêtre. En septembre, George Duckworth épouse Lady Margaret Herbert. Virginia publie son premier article payé dans *The Guardian*.

1905 : Virginia donne des cours de littérature à des ouvrières au Morley College. Tous les jeudis soir les amis de Thoby se retrouvent chez les Stephen, parmi eux E.M. Forster, Saxon Sydney-Turner, Lytton Strachey, Duncan Grant, Clive Bell et Leonard Woolf : ce sont les débuts du groupe de Bloomsbury.

1906 : Voyage en Grèce des enfants Stephen sous la houlette de Violet Dickinson. Au retour Thoby meurt d'une fièvre thyphoïde.

1907 : Virginia entame la rédaction de son premier roman, *Melymbrosia*, qui deviendra *La Traversée des apparences*. Le 7 février Vanessa épouse Clive Bell. Virginia emménage au 29 Fitzroy Square en compagnie de son frère Adrian.

1909 : Rencontre avec Ottoline Morrel. Lytton Strachey, dandy homosexuel, demande Virginia en mariage. Elle accepte et se dédie le lendemain. Elle écrit sept esquisses dont *La Maison de Carlyle*.

1910 : Virginia s'associe à Adrian et ses amis de Cambridge pour monter le « canular de Dreadnought ».

1911 : Milite bénévolement au sein du Women's Suffrage Organism. Naissance de son second neveu Quentin Bell. Emménagement au 38 Brunswick Square avec Adrian. Parmi les locataires Leonard Woolf, Maynard Keynes et Duncan Grant.

1912 : Épouse le 10 août Leonard Woolf, romancier.

1913 : Dépression. Tentative de suicide par absorption massive de barbituriques. L'internement est évoqué. Leonard décide de s'occuper lui-même de sa femme. Fin de *La Traversée des apparences*. Gerald Duckworth fait savoir qu'il accepte de publier le livre.

1914 : Déclaration de guerre en août. Virginia se remet lentement de sa dépression.

1915 : Les Woolf déménagent pour la Hogarth House à Richmond. L'état dépressif de Virginia empire. Le 25 mars, à la veille de la publication de *La Traversée des apparences*, elle est conduite dans une maison de santé.

1916-1917 : Virginia fait la connaissance de Katherine Mansfield. Au hasard d'une promenade les Woolf trouvent un matériel d'imprimerie d'occasion et créent ainsi la Hogarth Press qui deviendra l'une des plus grandes maisons d'édition anglaises. Parmi leurs auteurs : Katherine Mansfield, Gorki, Rilke, T.S. Eliot, Freud...
Le 24 avril Miss Weaver apporte aux Woolf le manuscrit d'*Ulysse* de Joyce auquel ils opposent un refus déguisé.

1918 : Le droit de vote est accordé aux femmes en Angleterre. Virginia entame la rédaction de son deuxième roman *Nuit et Jour* pour ne pas sombrer dans la folie.

1919-1922 : Achat de Monk's House dans le Sussex. Publication de *Nuit et Jour* et d'une nouvelle très remarquée par le supplément littéraire du *Times* : *Kew Gardens*. Publication à la Hogarth Press de *La Chambre de Jacob*. Rencontre avec la romancière Vita Sackville-West.

1923 : Les Woolf quittent Richmond et retournent à Londres dans le quartier de Bloomsbury au 52 Tavistock Square. Le 9 janvier, Katherine Mansfield meurt à l'âge de trente-cinq ans.

1924 : Sortie du *Manuel de lecture*. Virginia entreprend la rédaction de *La Promenade au phare*.

1925-1926 : Publication de *Mrs Dalloway* qui remporte un vif succès. Intensification de la relation avec Vita Sackville-West. Virginia très affectée par le départ de son amie en Perse comprend l'importance de ses sentiments pour elle. À son retour Vita lui offre un petit épagneul qui va lui servir de modèle pour le personnage de *Flush*. Publication du premier tome de *The Common Reader*.

1927 : Publication de *La Promenade au phare*.

1928 : Vita délaisse Virginia qui entreprend la rédaction d'*Orlando*, personnage pour lequel elle s'inspire de son amie. Après un voyage en Bourgogne, la relation amoureuse des deux femmes évolue en amitié. Publication d'*Orlando*.

1929 : Publication d'*Une chambre à soi*.

1930 : Rencontre avec Ethel Smyth qui aura une profonde influence sur Virginia. Fin de la première version des *Vagues*.

1931 : Publication des *Vagues*.

1932 : Mort de Lytton Strachey. Virginia travaille à un nouveau roman, *Les Pargiter*, qui deviendra *Les Années*. Publication du deuxième tome de *The Common Reader*.

1933 : Publication de *Flush*.

1934 : Mort du peintre Roger Fry, ami de Virginia et ancien amant de sa sœur.

1935 : Le 18 janvier, représentation de *Freshwater*, pièce écrite par Virginia et jouée en famille à l'occasion de l'anniversaire de sa nièce, Angelica. Les Woolf font un tour de l'Europe et passent par l'Allemagne nazie.

1936 : Virginia corrige les épreuves des *Années* et lutte de nouveau contre la dépression.

1937 : Mort de son neveu Julian pendant la guerre d'Espagne. Publication des *Années* qui connaît un immense succès.

1938 : L'Allemagne envahit l'Autriche. Publication d'un essai intitulé *Trois Guinées*.

1939 : L'Angleterre entre en guerre. Churchill prend la direction du pays. Virginia encouragée par sa sœur entame un récit autobiographique : *Une esquisse du passé*.

1940 : Les Woolf passent le plus clair de leur temps à Rodmell et ne viennent que rarement au 37 Mecklenburgh Square. Bataille d'Angleterre. Publication de *Roger Fry*. Bombardements de Tavistock et Mecklenburgh Square. Virginia entame la rédaction de *Pointz Hall* qui deviendra *Entre les actes*.

1941 : Le 20 janvier, Virginia envoie *Entre les actes* à son éditeur puis tente de récupérer son manuscrit dont elle n'est pas satisfaite. Le 9 mars elle consigne le menu du repas du soir dans son Journal. Le 28 elle se suicide en se jetant dans la rivière de l'Ouse, les poches de son manteau lestées de lourdes pierres. Elle a laissé deux lettres à l'intention des deux personnes qui ont le plus compté dans sa vie : Vanessa et Leonard.

RÉFÉRENCES BIBLIOGRAPHIQUES

OUVRAGES DE VIRGINIA WOOLF

La Traversée des apparences (1915), Flammarion, 1985.
Nuit et Jour (1919), Bourgois, 1985.
La Chambre de Jacob (1922), Stock, 1958, rééd. Le Livre de Poche, 1984.
Mrs Dalloway (1925), Folio n° 2643.
La Promenade au phare (1927), Stock, 1929.
Vers le phare (1927), Folio n° 2816.
Orlando (1928), Stock, 1929, rééd. Le Livre de Poche, 1982.
Une chambre à soi (1929), Denoël, 1977.
Les Vagues (1931), Stock, 1937.
Flush (1933), Stock, 1935, LGF, 1987.
Les Années (1937), Mercure de France, 2004.
Trois Guinées (1938), éd. des Femmes, 1977.
La Vie de Roger Fry (1940), Payot, 1999.
Entre les actes (1941), Stock, 1974.
La Maison hantée, éd. Charlot, 1946.
L'Art du roman, éd. du Seuil, 1962.
La Mort de la phalène, éd. du Seuil, 1968.
Essais, Seghers, 1977.
Journal Tome I-VIII (version intégrale), Stock, 1981-1990.
Le Dé en or, Nathan, 1983.
Les Fruits étranges et brillants de l'art, éd. des Femmes, 1983.
Beau Brummell et autres essais, Obsidiane, 1985.
Correspondance Vita Sackville-West – Virginia Woolf, Stock, 1985.
Le Livre sans nom : Les Pargiter, éd. des Femmes, 1985.

Instants de vie, Stock, 1986, rééd. Le Livre de Poche, 1988.
De la lecture et de la critique, éd. des Femmes, 1988.
La Scène londonienne, Bourgois, 1988.
Entre les livres, La Différence, 1990.
La Fascination de l'étang, éd. du Seuil, 1990.
Journal d'adolescence 1897-1909, Stock, 1993.
Lettres, éd. du Seuil, 1993.
Lettre à un jeune poète, Arléa, 1996.
Romans et nouvelles 1917-1941, éd. Pierre Nordon. La Pochothèque, Le Livre de Poche, 1993.
Le Commun des lecteurs, éd. de l'Arche, 2004.
La Maison de Carlyle, Mercure de France, 2004.

OUVRAGES SUR VIRGINIA WOOLF

Virginia Woolf, Quentin Bell, Stock, 1973.
Virginia Woolf ou la Dame sur le piédestal, Anne Bragance, éd. des Femmes, 1985.
V.W., Geneviève Brisac et Agnès Desarthe, éd. de l'Olivier, 2004.
La Philosophie de Virginia Woolf, M. Chastaing, PUF, 1952.
Portraits de femmes, Pietro Citati, Gallimard, Folio, 2003.
Métamorphose et récit dans l'œuvre de Virginia Woolf, Colloque de la société d'études woolfiennes, Nîmes, 1997.
Virginia Woolf. Vers la maison des lumières, Françoise Defromont, éd. des Femmes, 1985.
Le Roman psychologique de Virginia Woolf, Floris Delattre, Vrin, 1962.
Une année amoureuse de Virginia Woolf, Christine Duhon, Orban, 1990.
Virginia Woolf et Vanessa Bell : une très intime conspiration, Jane Dunn, Autrement, 2005.
Virginia Woolf, Viviane Forrester, éd. de l'Équinoxe, 1984.
Virginia Woolf et son œuvre, Jean Guignet, Didier, 1962.
Virginia Woolf ou l'Aventure intérieure, Hermione Lee, Autrement, 2000.
Elles ne savent pas ce qu'elles disent, Maud Mannoni, Denoël, 1998.
Vivants Piliers, Jean-Jacques Mayoux, Denoël, 1960.

Sous de vastes portiques, Jean-Jacques Mayoux, Maurice Nadeau, 1981.

Virginia Woolf, Béatrice Mousli, éd. du Rocher, 2001.

Virginia Woolf, Monique Nathan, éd. du Seuil, 1975.

Virginia Woolf. L'ancrage et le voyage, Françoise Pellan, Presses universitaires de Lyon, 1994.

Virginia Woolf, Phillys Rose, éd. La Manufacture, 1987.

Le Thème de l'eau dans l'œuvre de Virginia Woolf, Marie-Paule Vigne, Presses universitaires de Bordeaux, 1984.

Une vie à soi, Cécile Wajsbrot, Mercure de France, 1991.

Europe nᵒˢ 676-677, août-septembre 1985.

Le Magazine littéraire nᵒ 275, mars 1990.

Le Magazine littéraire nᵒ 437, décembre 2004.

FILMS SUR L'ŒUVRE DE VIRGINIA WOOLF

The Hours de Stephen Daldry, 2001.

Mrs Dalloway de Marleen Gorris, 1997.

Prologue   9
Le paradis perdu   13
L'enfer du 22 Hyde Park Gate   67
Leonard le sauveur   134
Paradoxes   191

ANNEXES

Repères chronologiques   255
Références bibliographiques   259

FOLIO BIOGRAPHIES

Balzac, par FRANÇOIS TAILLANDIER
Jules César, par JOËL SCHMIDT
James Dean, par JEAN-PHILIPPE GUERAND
Billie Holiday, par SYLVIA FOL
Kafka, par GÉRARD-GEORGES LEMAIRE
Modigliani, par CHRISTIAN PARISOT
Pasolini, par RENÉ DE CECCATTY
Virginia Woolf, par ALEXANDRA LEMASSON

À paraître au premier semestre 2006

Attila, par ÉRIC DESCHODT
Josephine Baker, par JACQUES PESSIS
Baudelaire, par JEAN-BAPTISTE BARONIAN
Cézanne, par BERNARD FAUCONNIER
Freud, par CHANTAL et RENÉ MAJOR
Gandhi, par CHRISTINE JORDIS
Ibsen, par JACQUES DE DECKER
Michel-Ange, par NADINE SAUTEL
Rimbaud, par JEAN-YVES MASSON

Composition Bussière.
Impression Maury-Eurolivres
45300 Manchecourt
le 5 octobre 2005.
Dépôt légal : octobre 2005.
Numéro d'imprimeur : 117145.
ISBN 2-07-030726-3. / Imprimé en France.

April 9 5:00 pm
Diane __ pl

Diana Cooper by
Philip Ziegler